Anonymous

Beyträge zum deutschen Kirchen-Rechte

Das Synodatikum

Anonymous

Beyträge zum deutschen Kirchen-Rechte
Das Synodatikum

ISBN/EAN: 9783744701396

Hergestellt in Europa, USA, Kanada, Australien, Japan

Cover: Foto ©Lupo / pixelio.de

Weitere Bücher finden Sie auf **www.hansebooks.com**

Beyträge
zum deutschen
Kirchen-Rechte.

I.
Das Synodatikum.

Frankfurt und Leipzig
in der Hermannschen Buchhandlung
1786.

Allgemeine Vorerinnerung.

Einzelne Gegenstände mit Wahl ausgehoben und mit Genauigkeit behandelt, sind in jedem Fache der Wissenschaften immer wichtige Beyträge gewesen. Sie sind für diese, was Spezial=Karten und Beschreibungen einzelner Städte für die Geographie sind, und so wie diese alsdann am besten bearbeitet, am genauesten geprüft werden, wenn eben Kriege oder Negoziazionen ihren Gegenstand dem Publikum wichtig machen, eben so wird durch Entwicklung praktischer Fälle jener Nuzen für die Wissenschaften am sichersten erreicht. Der Blick des Verfassers und die Aufmerksamkeit des Lesers gewinnen unendlich bey dieser Bestimmtheit, vollkommenen Reise, und dem nähern Interesse des Gegenstandes.

Aus diesem Gesichspunkte bitt ich die gegenwärtige Sammlung zu betrachten, in welcher ich verschiedene Ausarbeitungen über einzelne Gegenstände aus dem deutschen Kirchen=Rechte zu liefern gedenke.

Da ich meist nur wirkliche Fälle wählen werde, und die Anzahl der ephemerischen

schen Schriften nicht vermehren will, so binde ich mich an keine gewisse Zeit, sondern arbeite, wenn mich ein Gegenstand aufruft, und liefere was ich der Aufmerksamkeit des Publikums nicht unwürdig achte. In eine Sammlung wolt' ich diese kleinen Versuche doch bringen, um sie vor dem gewöhnlichen Schicksale fliegender Blätter zu sichern.

Die Form der Behandlung ist gleichgültig, auch wird sie sehr verschieden seyn: so erscheint gleich in dem ersten Hefte die Untersuchung über das Synodatikum in einem vertrauten Briefwechsel, den ich hier ohne die geringste Abänderung dem Publikum, für welches er so eigentlich nicht bestimmt war, mit Genehmigung der beeden Korrespondenten mittheile. Da diese zween Freunde ihren litterärischen Briefwechsel, wie aus dem dreyzehenden Briefe erhellet, ununterbrochen fortsezen; so könnte wohl noch manches Bruchstück aus demselben nachfolgen. Auch werden zuweilen wichtige Urkunden erscheinen, aber nur ungedruckte, und mit einem eben abgehandelten Gegenstande in Verbindung stehende.

Wahrheit ist das einzige Ziel dieser Sammlung; ich werde sie aber immer mehr forschend zu entwicklen, als entscheidend zu be=

behaupten suchen, und den Ausspruch dem denkenden Publikum selbst überlassen, wozu es nur eines getreuen Referenten; keines Parthie nehmenden Advokaten bedarf. Mein unvorgreifliches Votum werd ich immer bescheiden, aber auch freymüthig ablegen: jenes bin ich dem Publikum, dieses der Wahrheit schuldig. Seitdem Sie selbst bey Hofe freyen Zutritt hat, würde es ein Verbrechen seyn, ihr denselben in dem Gebiethe der Wissenschaften, wohin diese Sammlung lediglich gehört, zu versagen. Freilich muß sie auch hier noch zuweilen, um mancher Verhältnisse willen, einen leichten Schleyer umwerfen, doch sind in jedem Dezenten Aufzuge Licht und Segen ihre Begleiter.

Weit entfernt von dem lächerlichen Gedanken, diese Sammlung gleich für eine den Wissenschaften und der Menschheit wichtige Erscheinung anzukündigen, gesteh' ich doch frey, daß dies mein Gesichtspunkt ist. Auch bey Errichtung des grösten Gebäudes muß die Bearbeitung jedes einzelnen Steines mit Rücksicht auf das Ganze geschehen; und, ist es der Tempel der Wahrheit: so ist die Bearbeitung auch des Kleinsten ein Verdienst.

Inhalt der Briefe.

I. Herr J. aus Mainz schließt aus der neuen Foderung eines alljährlichen Synodatikums auf eine bevorstehende Synode, und kündiget sie einem seiner Freunde in Wirzburg mit Freuden an. Seite 1.

II. Herr F. aus Wirzburg nimmt Antheil an dieser Freude; doch erklärt er jenen Schluß für unhaltbar; fodert sogar Beweis von der wirklichen Ansetzung dieses neuen Synodatikums. Seite 2.

III. Herr J. liefert diesen, sagt einiges zur Rechtfertigung seines Schlusses, geht aber doch davon ab, und fragt nur, was das Synodatikum ohne Synode doch wohl seyn möge. Seite 6.

IV. Herr F. beantwortet die's durch eine Gegenfrage, was Prokurazionen ohne Visitazion seyen. Beedes eine neue Auflage. Woher der Nahme? S. 8.

V. Für eine neue Auflage kann es Herr J. nicht ansehen. Ursache warum. Bitte um bessere Belehrung. Ahndung eines Schreibfehlers in den Quittungen. Seite 11.

VI. Herr F. entwickelt den Begrif des gesetzlichen Synodatikums Verwaltung der Kirchen-Güter — Antheil des Bischofes an denselben. — Das neue Mainzer Synodatikum ist jenes Gesetzliche nicht. Beweis davon. — Immer noch eher eine neue Auflage. Warum die Einhohlung des Domkapitelischen Konsenses dabey unnöthig. S. 14.

VII. Herr J. giebt nähere Nachricht über die vorgebliche freywillige Annahm des angelegten Klerus. Eigene Rollen des Primas und des Os Cleri. — Fünf Präjudizial-Fragen über res singulorum, Gewalt der Repräsentanten, Stimmrecht der Herren Konsistorialen, und noch ein anderes wichtige Problem. Seite 23.

VIII. Herr F. wünscht, sein erster Korrespondent habe weniger gelobt, und bestimmter erzehlt — Beantwortung der Präjudizial-Fragen — keine neue Auflage; aber auch das alte Synodatikum der Geseze nicht. Seite 28.

IX. Dieß lezte meint Herr J denn doch; weil es die eigentliche Bedeutung des Wortes ist. S. 33.

X. Herr F. kündiget seine Widerlegung dieser Meynung durch ein lehrreiches Kompliment an — Die Widerlegung selbst: das Synodatikum ist von der bischöflichen Würde trennbar, wenigstens durch ausdrückliche Geseze. Seite 35.

XI. Dieß giebt Herr J. großmüthig zu; aber die Geseze befreyen nur die Klöster; nicht die Stifter, die sich auch auf Verträge und Herkommen vergeblich berufen. Das neue Synodatikum ist also, wenigstens in Ansehung der lezten, das alte geseʒliche. Seite 39.

XII. Die Mainʒer Stifter, erwidert Herr J. sind auch frey von dem eigentlichen Synodatikum --- Geseze --- Verträge und Herkommen werden geprüft; und durch die Mainʒer Monathschrift von g. S. unterstüzt. --- Präskripʒion ʒu Hülfe genommen, was die unfürdenkliche sey. — Res meræ facultatis, ihre Natur und Verjährbarkeit. Seite 43.

XIII. Herr J. macht eben ʒu rechter Zeit (die Untersuchung fing an ihn zu ennuiren) die Entdeckung, daß das neue Synodatikum für das Erzbischöfliche Vikariat bestimmt sey. Seite 64.

XIV. Herr F. will diese Nachricht durchaus nicht glauben, und hat seine gute Ursache dabey. Seite 66.

XV. Herr J. wird etwas empfindlich, (solte er wohl unrecht haben?) und fängt an ʒu demonstriren, daß Synodalien --- Synodalien sind. Seite 68.

XVI. Ja, sagt Herr F.; nur sind sie nicht das ihren Stiftern und Klöstern neu angeseʒte Synodatikum --- Gründe dieses Saʒes. Seite 71.

XVII Herr J. erklärt sich näher über seine Synodalien: Schuldige Beyträge ʒur Haltung der Synoden Diese scheinen ihm auf seinen Casum recht glücklich ʒu passen. Seite 72.

XVIII. Das meint Herr F. nun nicht, und ʒwar ob defectum Causæ debendi. — Zweifel über die Nothwendigkeit dieser Synodalien auch bey wirklichen Synoden; über die Verbindlichkeit des Klerus allein ʒu denselben. — Der Wormser widerseʒt sich denselben auch bey Haltung der Provinʒial-Synoden. — Das Tridentinum kennt sie nicht. — Stärke dieses Argumenti negativi. — Fehlt immer noch an der Causa debendi; und wär sie vorhanden, so bekäm das Vikariat hoc ipso -- nichts. Seite 74.

XIX. Herr J stellt ʒwey neue Säʒe auf: 1) Diese Synodalien sind geseʒmäsig. 2) Die Vikariate sind Surrogate der Synoden. — Für den Beweis des ersten wird Dilation gesucht; der des lezten aber ex naturâ rei sowohl, als ab auctoritate auf der Stelle geführt. — Unverfängliche Frage über den 8isten Saʒ der sub

præ-

præsidio Clarif. Jungii in Mainz vertheidigten thematum select. ex historia ecclesiastica. Seite 82.

XX. Der Würzburger verwahrt sich protestando gegen alles Präjudiz dieser Surrogatschaft. — Flüchtige Blicke in die ursprüngliche Verwaltung der Kirche. Nie gänzliche Unbegrenztheit — Presbyterium der nothwendige Senat des Bischofs — Visitazion und Synode für das ganze — Presbyterium auf die Domkapitel eingeschränkt — Die Synoden nie dadurch verdrängt. — Eigens geschaffene Raths-Kollegia der Bischöfe; doch ohne Beeinträchtigung der Domkapitel, und der Synoden; deren Surrogate diese Rathsstellen nicht seyn können — Eine kleine Erinnerung an den noch rückständigen Beweis des ersten Hauptsazes von der Geseglichkeit dieser Synodalien. Seite 84.

XXI. Herr J. giebt seine beeden Hauptsäze guwillig auf; nicht aber seine Erklärung des neuen Synodatikums, die er auf einen schönen Sorites gründet.
Seite 97.

XXII. Herr F. will diese Synodalien noch immer nicht für bona Vacantia erkennen. — argumentatio ab impossibili mit all ihren Einwürfen — Ob das Surrogat so ganz in die Rechte des Prinzipals eintrette? Herr F. glaubt es nicht; Beweiß ab inductione. — Die Pflicht, Besoldungen zu schaffen, muß cum grano salis verstanden werden. Beyspiel Emmerich Josephs. — Wer den Rath besolden müsse? Ob mit Hintansezung grundverfassungsmäßiger Bedingnisse. — Am Ende kömmt Herr F immer wieder auf den Vorwurf der Neuheit zurück; ob dieser durch einen alten Nahmen gehoben werde? S 100.

XXIII. Herr J. zieht einen andern Freund zu Rath, der ihm auf einmal aus der Noth hilft. Die römische Synode von 1725 ist dieses Rettungsmittel.
Seite 112.

XXIV. Herr F leistet seinem Freunde einen Liebesdienst. — Die entscheidende Stelle auf jenem Konzilium. — Was für jeden Theil darin liegt. — Vorschlag zum gütlichen Vergleiche, der aber dem Hauptprozeß noch kein Ende macht. — Warnung sich vor den terminis æquivocis fleißig in acht zu nehmen. Üble Folgen der Vernachläßigung dieser Warnung — Bilanz: Verlust — die Posttage von vier Monathen. Gewinn — die Reduzion der ganzen Untersuchung auf das Sokratische εἰδέναι μὲν μηδὲν, πλὴν αὐτὸ τοῦτο εἰδέναι. S. 113.

Erster

Erster Brief.

Herr J. aus Mainz an Hrn. F. in Wirzburg.

Mainz den 2 Hornung 1785.

Freuen Sie sich mit mir, mein bester Freund! wir werden bald wieder eine Synode sehen. Das Synodatikum ist den Stiftern und Klöstern unsrer Diözes von dem Erzbischöflichen Vikariate schon wirklich angesezt, und den Saumseligen die Exekution angekündigt; ein Beweis, daß diese erwünschte Epoche nah ist. Es muß sehr glänzend dabey zugehen, da jene Summe sich auf 6000 fl. belaufen soll.

Ob es eine Diözesan- oder Provinzial-Synode seyn werde, kann ich Ihnen noch nicht sagen, da man, die Foderung und Eintreibung des Synodatikums ausgenommen, noch nicht das mindeste davon weiß. Doch vermuth' ich das erste, weil unser Synodatikum auf alle Jahre aufgeschrieben ist, und nur die Diözesan-Synoden nach dem Tridentinum (Ss. 24. C. 2. de reformat.) alljährlich gehalten werden sollen.

Ihr Enthusiasmus für jedes Bruchstück auf dem einfachen Gebäude der ersten Kirche ist mir zu bekannt und zu lieb, um Ihnen durch Mittheilung noch einer andern Nachricht den reinen Genuß der gegenwärtigen zu stören. Also für heute nichts weiter, als die Versicherung von Freundschaft, womit ich ꝛc.

Zweyter Brief.

Herr F. aus Wirzburg an Herrn J. in Mainz *).

Wirzburg den 12 Hornung.

Sie hatten recht, mein Bester, den Brief, welcher eine für das Wohl Ihrer, und vielleicht

*) Da die Korrespondenten immer die nemlichen sind, braucht diese Aufschrift in der Folge nicht wiederholt zu werden. Nota. des H.

leicht auch anderer Kirchen so äusserst wichtige Nachricht enthielt, durch keine von dem seit einiger Zeit gangbaren Schlage zu entweyen.

Also eine neue Mainzische Synode! die erste seit Sebastians Zeiten! fast zu lang für so ausdrückliche Verordnungen, für so schöne Beispiele, für die Grundverfassung der Kirche selbst, deren Spuren sich um desto deutlicher zeigen, je höher man in der Geschichte hinauf steigt.

Der Bischof in dem Synedrium seiner Mitarbeiter in dem Weinberge des Herrn! welch verehrungswürdige Erscheinung der Vorzeiten! Gewiß denken Sie sich, ohne meine Erinnerung, all ihre Vortheile auf die Heerde, deren Bedürfnisse und Gebrechen hier durch die Hirten selbst aufgedeckt werden: auf die Seelsorger, denen diese Vereinigung und Berathung mit Ihrem Bischofe das Gefühl der Würde ihres Berufes, den besten Antrieb, ihn zu erfüllen, erhöhet; auf den Oberhirten selbst, dessen eigentliches Element die Synode ist.

Und dieß alles soll nun bey Ihnen keine Schilderung aus einem Romane, wofür einer Ihrer Landsleute die Beschreibung des Chores (wohlgemerkt, wie er seyn soll) in meiner Gegenwart erklärt hat; *) sondern eine wirkliche Erscheinung seyn! Beneiden würd' ich Euch, glücklichen Mainzer, wenn ich irgend etwas Gutes, wo, und durch wen es auch immer geschähe, beneiden könnte.

Eine bloße Diözesan-Synode muß es wohl seyn; da man hier noch von keiner Berufung zu einer Provinzial-Versammlung etwas weiß, und von Synodal-Geldern keine Rede ist, die unserm Hochwürdigsten Ordinarius und den Abgesandten zu ihrer Reise nach Mainz doch auch nöthig wären.

Ueberhaupt muß ich Ihnen gestehen, daß ich nicht recht weiß, was das für Synodal-Gelder seyn mögen, die das Vikariat zur Haltung

---

*) Ist seitdem gedruckt worden. f. M. Monatsch. v. ij S. B. I. Heft 8. S. 814. — Note des H. —

tung einer Diözesan=Versammlung vorläufig ausschreiben und selbst executive eintreiben soll. Freund! ich fürchte, sie haben sich geirrt. Kein Bischof, am wenigsten Ihr großmüthiger Friedrich Karl Joseph, kündigt sich seiner Heerde auf diese Weise an; und wo haben Sie auch je gelesen, daß die Pfarrer, Klöster und Stifter von der Diözesan=Synode Ihrem Bischofe einen Heller bezahlt haben? Ihr Schluß von dem ausgeschriebenen und schon eingetriebenen Gelde auf die Haltung einer Synode ist also der bündigste eben nicht; können Sie mir keinen bessern Grund für Ihre Nachricht angeben, so muß ich an Ihrer Zuverläßigkeit noch immer zweifeln. Am liebsten möcht' ich Ihnen jene Geld=Ausschreibung selbst läugnen; wenigstens muß ich auch hierüber Beweise sehen. Ich bin . . .

Dritter Brief.

Mainz den 16 Hornung 1785.

Beweise! hier ist einer, der wohl jeden andern entbehrlich machen wird.

„ Extractus Protocolli Archi E. Vicaria-
„ tus Mog. d. 29 Nov. 1784.

•„ *Conclusum:* Es wird hiermit Dechant
„ und Kapitel ad . . . angewiesen, wie Sie
„ alljährlich ein Synodaticum ad . . . fl.
„ erheben, sofort diese Gelder termino prima
„ Januarii an das Erzbischöfliche Siegelamt
„ dahier entrichten sollen.“
„ Elbert.“

Diesen Auszug haben alle Stifter (das Erzhohe Dom- und die beeden Ritterstifter ausgenommen) samt allen Klöstern unsrer Diözes mit Einschaltung ihres Namens und der jedem zugedachten Summe wirklich erhalten.

Was

Was das für ein Synodatikum ist, kann ich Ihnen so bestimmt nicht sagen, als ich hier seine wirkliche Einfoderung bewiesen habe.

Das erste, was mir in der Einfalt meines Herzens dabey einfiel, war, ein Synodus. Halt' ich so unrecht; bey geseslichen Korrelaten von einem auf das andere zu schliessen? Ich dachte, das Synodatikum sey eine alte, bey jeder Synode gewöhnliche Abgabe, um die nöthigen Auslagen zu bestreiten, und das sezt denn doch eine Synode voraus. Nun aber sagen Sie mir, daß nie ein Bischof so etwas zur Haltung einer Diözesan = Versammlung gefodert hat, und ich finde freylich selbst, daß diese dem Bischofe nicht leicht eine Ausgabe, gewiß keine jährliche von 6200 fl. verursachen kann; ich gestehe Ihnen also, daß ich den Ungrund meines Schlusses zu fühlen anfange. Wollen Sie mich ganz davon abbringen, so müssen Sie mir sagen, wozu man, ausser dem Fall der Synode, das Synodatikum noch brauchen kann.

Vierter Brief.

Wirzburg den 26 Febr. 1785.

Wozu das Synodatikum, ohne Synode! Sie, hartnäckiger Mensch, durch welche Umwege Sie nicht zu Ihrem Endzwecke zu gelangen trachten! Gestehen Sie es nur, es ist Ihnen mehr um die Behauptung Ihres dem Scheine nach aufgegebenen Schlusses, als um die Auflösung dieser Frage zu thun. Sie wollen mich dadurch Ihren Weg einzuschlagen zwingen, daß Sie mir die Ungangbarkeit jedes andern zu zeigen suchen. Allein der Meinige ist so ungangbar eben nicht. Auf eine einzige Gegenfrage müssen Sie mir diese Schwürigkeit selbst auf die Seite räumen. Was sind die **Prokurazionen ohne Visitazion?** Daß aber diese selbst in Ihrer Diozes wenigstens ehemals bekannt waren, kann ich Ihnen eben so unwiderlegbar beweisen, als Sie mir die Evidenz des neuen Synodatikums bewiesen haben.

Vom Erzbischof **Adolph I.** sagt Joannes Th. 1. S. 695. „Paucis tamen, quam abiret Erfordia à Clero Civitatis pariter ac Circumjectæ diocefis duodecim exegit penfiones, quod quidem mifcella his produnt verbis: Ipfe exegit . . . duodecim *procurationes*." — Von **Konrod II.** heißt es S. 707. „de cætero cum ad bellicos . . . . apparatus præfenti opus effet pecunia, fex hoc anno penfiones clero impofuit, quod, qui Mifcella . . . fcripfit, in hæc memoravit verba: codem tempore & anno 1393 Dominus Conradus de Winsperg exactionavit Clerum, quem dare oportuit fex *procurationes*, pro quibus dabantur tria fubfidia majora per tres annos, quolibet anno unum." — S. 743. kömmt von **Konrad dem III.** der nämliche Ausdruck vor.

Glauben Sie nun, daß es auch auffer dem Fall der Vifitazionen Profurazionen gab; und diefe waren ohnfehlbar nichts als neue, mit allen gehörigen Erfordernissen versehene Auflagen, denen man diesen Namen gab, weil

weil die zur Verpflegung des visitirenden Bischofs herkömmliche Summe jedes Ortes als Maaßstab dieser neuen Auflage angenommen wurde, ganz so wie man gewisse Reichsabgaben noch heut zu Tage Römermonathe nennt, ohne an einen wirklichen Römerzug zu gedenken.

Ob es nun mit Ihrem neuen Synodatikum die nämliche Bewandniß habe, hängt davon ab, ob in Ihrer Diözes ein eigentliches bestimmtes Synodatikum, das einer neuen Auflage zum Maaßstabe dienen könnte, jemals üblich war, und ob alle zu einer neuen Auflage bey ihnen sonst erforderliche Eigenschaften dabey vorhanden sind. Ist dies, so ist Ihr dermaliges Synodatikum eine neue, aber auch rechtmäsige Auflage, die aber mit dem, was man eigentlich Synodatikum nennt, nichts als den Nahmen und die Summe gemein hat.

Sie sehen wohl, daß dieß nur eine aus mehrern Möglichkeiten ist, und zwar nur eine be-

bedingte; braucht es aber mehr, um Ihnen die Urhaltbarkeit Ihres Schlusses zu beweisen, besonders, wenn all ihre Bedingnissen erfüllt sind, welches Sie am besten wissen müssen!

Fünfter Brief.

Mainz den 23. Februar 1785.

Sie haben Unrecht mein Bester, daß Sie meine gutherzige Frage für hartnäckige Erzwingung Ihres Beyfalls nehmen. Ich erkläre Ihnen hiermit, daß ich meinen Schluß von dem ausgeschriebenen Synodatikum auf eine bevorstehende Synode ohne alle Gefärde aufgebe. Um desto freyer kann ich nun aber auch auf Belehrung dringen, die täglich interessanter für mich wird. Das Wort Synodatikum ist seit einigen Monathen hier in jedem Munde; selten verbindet man aber damit einen andern Begrif, als den von der Summe eines jeden Stiftes oder Klosters. Selbst Leute von Wissenschaften gestehen, daß

sie

sie dieses Synodatikum nicht kennen. Ich habe all meine Kanonisten durchsucht, aber sehr wenig Trost bey ihnen gefunden. Die Meisten verwechseln das Synodatikum mit dem Kathedratikum; alle aber weisen mich ohne Barmherzigkeit auf eine wirkliche Synode hin, mit welcher doch unser neues Synodatikum nichts zu schaffen hat.

Ihre Vermuthung von einer ganz neuen Auflage unter diesem alten Nahmen hab ich nebst den Beyspielen von Prokurazionen und Römermonathen einem unsrer geschicktesten Männer eröfnet, der sie zwar an sich für möglich, aber in unserm Falle nicht für anwendbar hält, denn, sagt er, fürs erste existirt bey unsern Stiftern keine bestimmte Taxe des eigentlichen Synodatikums, welches jener Maaßstab hätte seyn können; fürs andere ist diejenige, welche unter dem vielleicht gleichbedeutenden Namen Kathedratikum in den gemeinen Rechten auf 2 Solidos bestimmt, und bey unsern Landpfarrern zu 1 Rthlr. üblich ist, der Maaßstab des gegenwärtigen weit höheren

der

der Stifter und Klöster offenbar nicht gewesen; fürs dritte endlich hat man die bey jeder neuen Steuer sonst grund = verfassungs=mäsige Bedingniß hier nicht erfüllt; das neue Synodatikum kann also keine neue Auflage seyn.

Was ist es denn? fragte ich: aber ein bedenkliches Achselzucken nebst einigen sehr wichtigen Anmerkungen über das üble Wetter waren die ganze Antwort.

Sie, mein Freund, haben mir schon zu viel gesagt, um so leichter Dinge davon zu kommen.

Daß Ihre Vermuthung nicht statt haben kann, sehen Sie, bey nicht erfüllten Bedingnissen derselben, nun wohl selbst ein. Wirklich, wär es eine neue Steuer, so hätte unser Hochwürdigster Erzb.schof die Einwilligung des Domkapitels gewiß begehrt; da diese nach der Grundverfassung unsers Staates bey jeder neuen Auflage wesentlich ist, und von der Verletzung der Vorrechte seines Kapitels nie
ein

ein Bischof weiter entfernt war, als derjenige, der dieselben so aus dem Grunde kennt, vor seiner Erhebung selbst so standhaft vertheidigt, und als neuerwählter Regent ihre Aufrechthaltung so feyerlich versprochen hat.

Unser neues Synodatikum mag also seyn, was es will; eine neue Auflage ist es gewiß nicht. Indessen wird es sehr häufig eingetrieben. Bey den Quittungen haben einige die Anmerkung gemacht, daß sie auf das verflossene Jahr 84 gestellt sind, vermuthlich ein Schreibfehler.

Sechster Brief.

Wirzburg den 27. Febr. 1785.

Wenn wir nicht Gefahr laufen wollen, am Ende unsers Streites selbst nicht mehr recht zu wissen, wovon anfangs die Rede war, so ist es nun Zeit, den Begrif des eigentlichen Syno-

Synodatikums aus Geschichte und Gesetzen festzusetzen.

Die Klassische Stelle ist hier das *Caput Conquerente X. de off. jud. ord.* wo es heißt: „decrevimus, vt in ecclesiis seu Capellis „tuæ diocesis . . . habeas Canonicam obe-„dientiam . . . Synodum & *Synodatici seu* „*Cathedratici nomine duos Solidos.*"

Hier wird das Synodatikum offenbar mit dem Kathedratikum verwechselt; welches in allen Stellen der Gesetze sowohl, als in den meisten Diplomen, wo die Rede davon ist, geschieht. Die ratio formalis ist allenthalben honor Cathedrae.

„Also eine durch Gesetze auf 2 Solidos be-„stimmte Abgabe der Kirchen an den Bischof „zur Anerkennung und Verehrung seiner Diö-„cesan = Gewalt."

Kein Satz ist in der Kirchengeschichte ein-stimmiger anerkannt, als der, daß die Ver-

waltung

waltung aller Kirchengüter immer vorzüglich von dem Bischofe abgehangen habe. Da aber mit diesen nach und nach sehr wesentliche Veränderungen vorgegangen sind, so muste sich auch die Art der bischöflichen Verwaltung in eben dem Verhältnisse abändern. So lang noch die Kasse der Kathedral-Kirche die einzige in der ganzen Diözes war, muß die bischöfliche Verwaltung freylich anderst beschaffen gewesen seyn, als zu der Zeit, wo jede Nebenkirche ihre eigene Stiftung hatte, und eine besondere moralische Person vorstellte. Die Töchter hatten nun separatam œconomiam, doch blieb es immer die nämliche Familie, welche dasselbe Interesse, dieselben Verbindlichkeiten hatte: Die Versorgung des Oberhauptes, seiner Gehülfen, der Kirchengebäude und der Armen war ihr gemeinschaftlicher Aufwand; und so lang auch der Geist der nämliche blieb, war jede fernere Abtheilung überflüßig. Dieser und das volle Vertrauen auf den Familienvater diente statt aller gesetzlichen Theilung.

Dieser

Dieſer glückliche Familienzuſtand ſcheint in der abendländiſchen Kirche eher als in der morgenländiſchen zerrüttet worden zu ſeyn; denn in jenen treffen wir ſchon im 5ten Jahrhundert die bekannte Abtheilung der Kirchengüter bald in drey, bald in vier Porzionen an, deren erſte Spur auch auf ihre Veranlaſſung zu führen ſcheint; ſie liegt im dritten Briefe des Pabſtes Simplizius „ſimul etiam de „reditibus ecclesiæ vel oblatione fidelium „quid deceat nescienti (Episcopo) nihil licere „permittas, sed sola ei ex his quarta portio „remittatur - - - tres illas portiones, quas „per triennium dicitur sibi tantummodo „vindicasse, restituat."

So viel iſt gewiß, daß dieſe Abtheilung in der Lateiniſchen Kirche ſo ziemlich allgemein eingeführet war. Von Italien kömmt ſie häufig in den Briefen der Päbſte vor; Von Spanien haben wir die Verordnung des

1. Konziliums von Braga *), von Frankreich und Deutschland die Kapitularien. **)

Den Antheil des Bischofs darf man aber nicht als reinen, blos für seine Person bestimmten Gewinn ansehen. Er blieb immer der gemeine Nothpfennig: „Episcopus (sagt „das 1. Konzilium von Orleans Can. 16.) „pauperibus vel infirmis - . - victum & „vestitum, in quantum possibilitas habuerit, „largiatur" und das von Karpentras verordnet: „Si ecclesia Civitatis, cui Episcopus „praeest, ita est idonea, uti nihil indigeat, „quidquid parochiis fuerit derelictum, cleri-„cis, qui ipsis parochiis deserviunt, vel re-„parationibus ecclesiarum rationabiliter dis-„pensetur. In den Pfarrkirchen also, deren Einkünfte zu ihrer und ihrer Diener Erhaltung kaum hinreichten, wie es denn auf dem Lande der Fall häufig war, hatte der Bischof gar keinen Theil. Nichts war auch natürlicher

---

*) Von 563. C. 25.
**) VII. C. 375. Goldart. Constit. Imp. III. C. 23.

cher; denn wollte man auch die Pfarreyen als bischöfliche Landgüter ansehen, so könnten sie ja doch nur *deductis deducendis* benutzt werden. Wer sollte denken, daß man dies je durch ein eigenes Gesetz habe befehlen müssen; und dennoch war es schon im Jahre 572. in Spanien nöthig; Da verordnete das II. Konzilium von Braga C. 2. „ut nullus „Episcoporum, cum per dioceses suas ambu„lat, praeter honorem Cathedrae suæ, id est „duos solidos, aliquid aliud per ecclesias tol„lat, neque tertiam partem ex quacunque „oblatione populi in ecclesiis parochialibus re„quirat, sed illa tertia pars pro luminariis „ecclesiae vel reparatione servetur, & singu„lis annis Episcopo ratio inde fiat; nam si „tertiam partem illam Episcopus tollat, „lumen & sarta tecta abstulit ecclesiae."

Dies ist eine der ältesten Spuren des Kathedratikums und zugleich auch der Ausschliessung des Bischofs von dem Vermögen der Landkirchen; sollte man jenes nicht eben deswegen die Legitima des von der Erbschaft seiner Töchter aus wichtigen Gründen ausgeschlossenen Vaters nennen dörfen!

Was hier für Spanien schon im 6ten Jahrhundert verordnet werden mußte, thaten die Gallische Bischöffe noch am Ende des 7ten freywillig, wie das Beyspiel des H. Ansbert von Rouen beweist. „Census etiam (heist es „bey *Surius* 9. *Febr. C.* 17.) qui de vicis „publicis Canonico ordine ad partem pon„tificis perfolvi confueverat, gratuita benig„nitate in restaurationibus ecclesiarum be„nigniſſime presbiteris indulsit earundem „Dei ædium." Doch musten auch diese Bischöffe schon unter Ludwig und Lothar in dem Konzilium zu Paris *L. I. C.* 31. beschränkt werden: „quanquam auctoritas Canonica do„ceat, ut quarta pars decimarum & redituum „ex oblationibus fidelium in usus episcopo„rum cedat; ubicunque tamen episcopus sua „habet, sit contentus suis." Und im Jahre 843. verweiset sie eine eigene Verordnung auf jenes spanische Konzilium und die darin bestimmte

ſtimmte Legitima, *) nämlich die zwey Solidos; die man auch wegen der Zeit ihrer Bezahlung Synodus, Synodalis Cenſus, Synodaticum nannte.

So wüſten wir denn nun ſo ziemlich beſtimmt, was das eigentliche Synodatikum für ein Ding iſt; aber was iſt das Ihrige?

Daß es das eigentliche nicht iſt, werden Sie mir wohl leicht zugeben, denn 1) iſt es nicht auf die Pfarrkirchen, ſondern auf die Stifter und Klöſter gelegt, die theils durch das gemeine Recht, theils durch unfürdenklichen Beſitz, theils durch Entrichtung eines Aequivalents, wofür man die in Ihrer Dioezes üblichen *Fructus biennales* halten kann, **) davon frey ſind. 2) Ueberſteigt es merklich.

---

*) Concil. Gall. III. pag. 2.
**) Daß ſie ſogar die Stelle der dem Biſchoffe zuſtehenden kanoniſchen Zehend-Porzion vertretten, ſagt der Erzbiſchof Theoderich bey Würdwein, Subſid. dipl. VI. 4.

lich die so unabänderlich bestimmte Summe von 2 Solidis.

Was bleibt also anders, als eine neue Auflage? da ich mir nun keine andere, als eine Gerechte unter Ihrem erhabenen Erzbischoffe denken kann, so setzte ich freylich alle Erforderniſſe einer solchen als Bedingniſſe meiner Vermuthung voraus. Daß die Einwilligung des Domkapitels darunter gehöre, läugne ich nicht. Da Sie mich aber nun versichern, daß sie nicht eingeholt worden ist; so müssen hier besondere Umstände dieselbe entbährlich gemacht haben. Einer ist mir bekannt, der aber für hundert gilt, nämlich die freye Einwilligung des angelegten Klerus selbst, die, andern Nachrichten zu Folge, wirklich eingetreten ist. Daß aber dieser einzige Umstand die ganze Schwierigkeit hebt, beweis ich Ihnen aus einem Briefe des Erzbischofs Johann von 1371. „Auch sollen wir „die Pfaffheit in unser ... Stadt und Bißtum „zu Menze zu keinen Subsidium, on unsers „Capitels Laube nicht twyngen: geben sie
uns

uns aber icht unbetwungelich, daz mügen
„wir von yu nemmen."

Sollte nun meine obige Vermuthung auf
Ihren Fall noch immer so unanwendbar seyn?

Siebenter Brief.

Mainz den 4 Merz 1785.

Ich danke Ihnen verbindlichst für die Entwicklung des Begriffes von dem eigentlichen Synodatikum; ob Sie ihn aber auch wirklich erschöpft und nicht etwa nur eine Gattung desselben beschrieben haben, ob jedes Synodatikum auch Kathedratikum, so wie umgekehrt, jedes Kathedratikum auch Synodatikum genennt werden kann, ob unser neues überall zu keiner Gattung des in gemeinen Rechten gegründeten gehöre, bleibt ausgesezt, bis ich Ihnen einmal meine Vermuthung eröfnen werde. Hier hab ich nur die Ihrige zu prüfen.

Sie bestehen noch immer auf Ihrer Idee von einer ganz neuen Auflage; und ich selbst würde Ihnen ohngeachtet der nicht eingeholten Kapitularischen Einwilligung beytreten, wenn es nur mit der des angelegten Klerus so ganz seine Richtigkeit hätte.

Ich habe mich seit dem genau darum erkundiget, und durch das allgemeine Gerücht (denn so etwas bleibt nicht lang ein Geheimniß) folgendes erfahren: Die Sache kam in der Versammlung des Klerus *) vom 21ten Dezemb. vorigen Jahres vor; und das eigentliche Deliberandum bestund darinn, ob man dieses neue Synodatikum ohne Widerrede annehmen, oder eine geziemende Vorstellung dagegen machen solle. Anfangs wurde von beeden

---

*) Deren werden des Jahres mehrere gehalten, wobey der Abbt vom Jakobsberge als Primas Cleri Secundarii intra Civitatem den Vorsitz; die Prälaten der Stifter aber, als Repräsentanten ihrer Kapitel das Stimmrecht haben.

ten Seiten viel gesprochen; die Herren Opponenten, unter welcher sich auch der Herr Abbt befand, behaupteten, Pflicht gegen ihre Prinzipale, ja selbst Ehrfurcht gegen den Höchsten Ordinarius fodere diese Vorstellung; die andern aber sezten ihnen vorzüglich die Vergeblichkeit derselben entgegen, und dieß hatte so viel Eindruck auf den Herrn Abbt, daß er bey der förmlichen Umfrage auf die Seite der Non-Opponenten übertrat; auf der nämlichen befand sich auch, obgleich gegen den Auftrag seines kommittirenden Kapitels das Os Cleri, Herr Dechant von P...; von den drey mit votirenden HH. geistlichen Räthen versteht sich dieß von selbst; und so entstunden, um eine oder zwey Stimmen, die Majora für die Unterlassung der Gegenvorstellung.

Eh Sie diese Majorität für eine hinlängliche Einwilligung des Klerus erklären, bitt ich um die Beantwortung folgender Fragen:

1) War das Deliberandum nicht im eigentlichsten Sinne *res singulorum*?

2) Galten dabey die Majora?

3) Kann ein Deputirter gegen den ausdrücklichen Auftrag seiner Prinzipale stimmen? — Zur Beantwortung dieser Frage, in so fern sie unsern Fall betrift, möchte folgende Stelle aus dem 33ten §. der *Constitutionis provisoriae* unsers dermahl glorreichst regierenden Erzbischofes nicht undienlich seyn: „Novimus per
„ annum saepius in urbe Moguntina sic
„ dictos Conventus Cleri celebrari, qui-
„ bus singuli ecclesiarum praelati inter-
„ esse possunt ac solent. Cum *nunc*
„ in iis negotia, quae non tantum prae-
„ latos, sed et . . . omnia ecclesiarum
„ membra sigillatim concernunt, tracten-
„ tur; hinc praecipimus, ne praelati
„ porro extra casum, ubi periculum ver-
„ satur in mora, in ejusmodi Conven-
„ tibus aliquid nomine ecclesiarum vel
„ sin-

„ singulorum tractent, quin antea à
„ Capitulis instructionem, quid agere
„ possint ac debeant, acceperint. "

4) Hatten wirkliche geistliche Räthe bey dieſen Berathſchlagungen eine Stimme?

5) Iſt es nicht Beleidigung des Vaters, ſeinen ſich für gekränkt haltenden Söhnen die Ehrfurcht- und Vertrauenvolle Gegenvorſtellung unter dem Vorwande, daß ſie vergeblich ſeyn würde, zu mißrathen?

Beſtehen Sie nach Beantwortung dieſer Fragen noch immer auf Ihrer Vermuthung, ſo verbind ich mich, Ihnen beyzutretten.

Achter

Achter Brief.

Wirzburg den 7. Merz 1785.

Wäre mein anderer Korrespondent von der Geschichte der Versamlungen des Klerus so genau unterrichtet, oder in ihrer Mittheilung so bestimmt gewesen, wie Sie, so würde ich die Verhandlung vom 21 Dezember des vorigen Jahres wohl nie für eine rechtsbeständige Einwilligung angesehen haben: „Heute, so schrieb er mir, ist das neue „Synodatikum von dem versammelten Kle„rus ohne die geringste Gegenvorstellung „angenommen worden, und in dem näch„sten Hefte unserer beliebten Monathschrift „wird diese Willfährigkeit ohne Zweifel wie„der als ein Beweiß der aufgeklärten Zei„ten und der bessern Einsicht unserer vereh„rungswürdigen Geistlichkeit, so wie im er„sten Hefte S. 22. angepriesen werden.„ Ich hatte damals eben andere Dinge im Kopfe, und diese erste Nachricht von einem neuen Synodatikum war für mich ein Saamen-
Korn,

Korn, das neben den Weg fiel, und zertreten wurde.

Den Ungrund meiner Behauptung hätten Sie mir nicht auffallender zeigen können, als durch Ihre Fragen, auf deren Beantwortung Sie nun wol nicht mehr so sehr begierig seyn werden.

Das Deliberandum über die Annahme eines Don gratuit (dieß wäre ja doch eine neue bloß auf die freye Bewilligung gegründete Foderung, wofür ich bey nicht eingeholter Genehmigung des Domkapitels die gegenwärtige ansah) ist allerdings *res singulorum*; denn jedes Mitglied soll ja etwas von dem Seinigen, bloß aus dem Grunde abgeben, weil es eingewilligt hat. Hätte hier die Majorität statt. so hieße dieß recht eigentlich in eines andern Sack votiren; das ein politisches Absurdum ist.

Ob ein Deputirter, in einzelnen Fällen, auch gegen den Willen seiner Prinzipalen stimmen

stimmen könne, hängt von seinem Kommissorium ab, das seine ganze moralische Existenz ausmacht. Der Deputirte im Unterhause des Englischen Parlaments kann es; daß es aber der im Unterhause des Mainzer Klerus nicht könne, zeigt das angeführte Gesez, welches über alle Kommissorien geht, unwidersprechlich. Wenn er nicht einmal ohne Auftrag seines Kapitels votiren darf; wie viel weniger gegen denselben? und ich begreife nicht, wie die drey Herren geistliche Räthe diese Uebertrettung eines so ausdrücklichen Gesezes nicht auf der Stelle geahndet haben. Daß sie selbst dagegen gehandelt haben sollten, läßt sich gar nicht denken.

Warum sollten aber diese Herren Konsistorialen hier keine Stimme gehabt haben? Sie erschienen ja nicht als Räthe des Hochwürdigsten Ordinarius, sondern lediglich als Prälaten der Stifter, und haben, wo es um die Aufopferung eines Theils ihrer Präbend-Gefälle zu thun ist, gewiß auch ein Wort zu sprechen, da sie ihr Jurament zur Treue gegen

gegen ihren Herren, nicht aber zur Verzicht-
Leistung auf ihre Rechte verbindet. Also,
wie gesagt, das Stimm-Recht konnte ihnen
nicht abgesprochen werden. Und was hätten sie auch für einen Nuzen, von einem Don
gratuit des höchsten Ordinarius, worzu sie
so gut wie jeder andere das ihrige beytragen
müssen? Ja! wenn es für sie selbst wäre,
dann wär es freylich noch eine Frage, ob es
nicht in Causa propria votiren heisse, in eine
Abgabe einzustimmen, bey deren Entrichtung
man ein halbes tausend Mitkontribuenten, bey
der Vertheilung aber kaum ein Duzend Kom-
partizipanten hat. Da nun dieß der Fall
hier nicht ist, so müssen die Stimmen der
Herren geistlichen Räthe ohne Anstand mit-
gezählt werden.

Die Stimmen aber, welche ohne, oder gar
gegen den Auftrag ihrer Prinzipale geführt
wurden, sind offenbar gesezwidrig, vielleicht
strafbar, sicher aber für die Komittenden un-
verbindlich.

Ob

Ob die Beruhung auf die Vergeblichkeit der Vorstellung Beleidigung des gerech-
testen Erzbischofes gewesen sey, oder nicht,
gehört so eigentlich zu unsrer gegenwärtigen
Untersuchung nicht; so viel sag' ich Ihnen
nur im Vorbeygehen, daß ich mich, in einem ähnlichen Falle, gegen Unterthanen, die
sich noch immer für gekränkt halten, dieses
Grundes nie bedienen würde.

Muß ich es ihnen nun erst noch sagen,
daß ich meine Vermuthung einer neuen Auflage ohne alle Einschränkung aufgebe? Ich hatte sie nur bedingt angenommen; bey nicht er-
füllter Bedingniß fällt sie also von selbst.

Was ist aber nun das neue Synodatikum?
— Die Beantwortung dieser Frage erwart ich
nun von Ihnen. Aus Mangel der nöthigen
Lokalkenntnisse müßte jede, die ich noch geben
könnte, so unzuverlässig, wie die vorige, seyn. Ich
werde also keinen Ausspruch mehr thun, als
den ich allenfals aus meinem Corpus juris beweisen könnte; und dahin rechne ich den, daß

Ihr

Ihr neues Synodatikum das alte Kathedratikum nicht ist.

Neunter Brief.

Mainz den 10. Merz 1785.

Die beste Auflösung unsrer Frage, so sehr ich sie auch wünsche, wäre mir so angenehm nicht gewesen, als Ihre so freymüthige Anerkennung Ihres Irrthums; sie ist mir das sicherste Unterpfand, einen zuverläßigen Gefährden zur Aufsuchung jeder Wahrheit an Ihnen gefunden zu haben. Empfangen Sie auch von mir das heiligste Versprechen, daß mich Eigenliebe, Stolz oder Rechthaberey von dem Bekenntniß eines erkannten Irrthumes nie abhalten soll.

Daß unser neues Synodatikum das alte, in gemeinen Rechten gegründete, von Ihnen so umständlich beschriebene Kathedratikum nicht sey, getrauen Sie sich, nöthigen Falls, aus

Ihrem Corpus juris zu beweisen! Aber wie, wenn dieser nöthige Fall wirklich vorhanden wäre? wie, wenn ich es im Ernste behauptete? und warum nicht?

Einmal ist dies die eigenthümliche in den Gesetzen angenommene Bedeutung des Wortes; zum andern ist alles, was Sie in Ihrem Briefe vom 27ten des vorigen Monaths gegen dieselbe gesagt haben, eben so entscheidend noch nicht. Denn daß bishero nur die Pfarrer das Kathedraticum bey uns entrichtet haben, beweist nicht, daß es nicht auch die Stifter und Klöster, falls man es von ihnen fodert, geben müssen. Das gemeine Recht mag immer diese; Verträge und Observanz jene davon frey sprechen; ausdrückliche Gesetze mögen es auf eine gewisse Summe einschränken; so ist dies alles doch nichts gegen ein in der bischöflichen Würde selbst gegründetes Recht. Mit einem Worte, ich bleibe so lang bey der eigenthümlichen Bedeutung des Wortes,

Wortes, bis sie mich durch stärkere Gründe zu einer uneigentlichen nöthigen.

Zehnter Brief.

Wirzburg den 13. Merz 1785.

Sie haben Recht, mein Theuerster, die Selbstverläugnung ist eines der grösten Verdienste des Wahrheitforschers; aber nicht blos in dem redlichen Bekenntnisse seines schon entdeckten Irrthums; auch in Gleichmüthigkeit bey dessen wirklicher Aufdeckung muß sie sich äussern. Es kostet weit mehr Ueberwindung, sich selbst seinen Irrthum zu gestehen, als ihn vor dem Freunde zu bekennen, und es gehört gewiß sehr viel Selbstverläugnung dazu, die Hand, welche uns den lang gewohnten Flor von dem Auge nimmt, zu küssen; kann man ihrem Dienste selbst den Dank nicht versagen, so ist man doch meistens geneigt, sich wenigstens durch Klagen über die ungestümme Art, ihn zu leisten, schadlos zu halten. —

Wenn Sie diese Anmerkung als eine kleine Vorbereitung meiner beschlossenen Widerlegung Ihrer geäusserten Meinung ansehen, so haben Sie eben so ganz unrecht nicht. Dies soll uns aber doch nicht hindern, sie als Gesetz unsers Briefwechsels bey dieser guten Gelegenheit ein für allemal aufzunehmen, und uns aufs heiligste zu versprechen, alles, was wir uns wechselweis über wirkliche, oder redlich dafür gehaltene Wahrheit sagen werden, eben so, wie die Zurechtweisung auf einem unrechten Wege, aufzunehmen. Ist je ein Wanderer auf denjenigen böse geworden, der ihm sagte: Freund, dieser Weg führt nach einem Sumpfe, jener aber nach unserm gemeinsamen Ziele? Es mit Grobheit zu sagen, ist nur gewissen Leuten eigen.

Sie meinen also, Ihr Synodatikum könnte doch wohl das in gemeinen Rechten vorgeschriebene Kathedratikum seyn. Ich glaub es nicht, und übernehme herzlich gern den Beweis, ohne lang zu untersuchen, ob er Ihnen oder mir obliegt. Eigentlich hab ich

ihn

ihn schon geführt; ich hab ihn also nur noch gegen Ihre Widerlegung zu behaupten, die sich auf den Satz reduzirt, die Ausübung dieses in der bischöflichen Würde gegründeten Rechtes könne durch keine Gesetze, Verträge noch Verjährung beschränkt werden.

Was ist denn eigentlich dieses von der bischöflichen Würde so ganz untrennbare Recht? Offenbar nichts als eine aus hundert möglichen Arten, die bischöfliche Diözesan-Gewalt zu verehren. So wesentlich die Verehrung selbst mit dieser Gewalt verbunden ist; so zufällig ist es doch wohl, daß es grad durch 2 Solidos geschehen müsse: dies ist lediglich das Geschöpf der Gesetze; und was durch Gesetze entstanden ist, sollte nicht auch durch Gesetze beschränkt, abgeändert, erlassen werden können? Die Foderung des nöthigen Unterhaltes ist doch wohl eben so wesentlich mit der bischöflichen Würde verknüpft, als die Foderung der Verehrung; aber auch die Arten, beede zu erfüllen, sind gleich zufällig, gleiche Gebursten positiver Verordnungen. Wenn also die *quarta portio Canonica* durch Geseze eingeschränkt, ja bey manchen Kirchen ganz abgeschaft werden konnte, so muß das nämliche doch auch von den 2 Solidis gelten; und gleichwie es wohl keinem Bischofe der Bragischen Provinz zu Sinn kam, sich gegen das schon angeführte Conci lium Bracarense II. auf sein jus ad quartam Canonicam zu berufen; eben so wenig kann es in Ansehung der 2 Solidorum geschehen, wo andere Geseze im Wege stehen. Mit einem Worte: der Anspruch auf die durch zwey *Solidos* zu leistende Verehrung der Kathedra ist kein wesentlicher, sondern von den Gesezen willkürlich erschaffener, folglich auch durch eben diese Geseze wieder trennbarer Theil der Bischöflichen Gerechtsame.

Nun keinen Schritt weiter, eh' ich weiß, in wie fern Sie mit dem Gegenwärtigen einverstanden sind. Also Erklärung, wenn ich bitten darf, ob Sie die Ausübung so eines zufälligen Rechtes noch immer über alles, wodurch

durch sonst Rechte von der nämlichen Art beschränkt oder gar unterdrückt werden, erhaben glauben.

Eilfter Brief.

Mainz den 16 Merz 1785.

Ausdrücklichen Gesezen des gemeinen Rechtes, verbunden mit einem unfürdenklichen Besizstande, will ich die Kraft nicht absprechen, die Ausübung eines Rechtes zu beschränken, dessen ganze Existenz nur auf ihnen beruht. Dieses gemeine Recht ist nun einmal bey uns angenommen, selbst die Bischöfe erkennen es für eine auch sie, verbindende Richtschnur; es ist also eben so gut Gränze als Quelle der zufälligen Theile ihrer Gewalt; und ihre willkürliche Ueberschreitung im Fodern ist immer ein Einfall in das Gebiet fremder Eigenthums=Rechte.

Dieſes ſo freymüthige Bekenntniß müſſen Sie lediglich dem Siege der Wahrheit zuſchreiben; denn die Folgerung, welche Sie daraus gegen mich ziehen werden, ſeh ich gar wohl vor; und um Ihnen dieſe Mühe zu erſparen, will ich ſie lieber ſelbſt machen: Wenn das eigentliche Kathedratikum ſowohl in Anſehung ſeiner Subjekte als in Anſehung ſeiner Summe von den Geſezen abhängt, ſo kann die Auflage, welche von Klöſtern, und zwar von jedem ſo weit über 2 Solidos gefodert wird, dieſes eigentliche Kathedratikum ohnmöglich ſeyn. Atqui ... Ergo ...

Dieſer Schluß iſt doch wohl nach Ihrem Sinne, beſonders da ich ihn ganz zugebe. Der Unterſaz iſt eben mein gegenwärtiges Bekenntniß; und die in dem Oberſaze liegende Vorausſezung der geſezlichen Befreyung der Klöſter von dem Kathedratikum, ſo wie ſeiner unüberſchreitbaren Beſtimmung auf 2 Solidos gründet ſich auf ausdrückliche Geſeze. Ein einziges wird genug ſeyn: „Non am„plius quam duos Solidos unusquisque Episcopo-

„coporum . . . per singulas diocesis suae
„basilicas juxta Synodum Bracarensem an-
„nua illatione sibi expetat inferri; mona-
„steriorum tamen basilicis ab hac solutionis
„pensione sejunctis." *Can.* 8. *Causs.* 10.
qst. 3.

Aber was gewinnen Sie durch dieses Bekenntniß in Ansehung der Stifter? Diese sind denn doch von dem Kathedratikum durch Geseze nicht frey. Verträge, welche dieses zum Gegenstand hätten, sind mir keine bekannt; und wären auch welche vorhanden, könnten sie den Nachfolger nicht binden. Hören nicht alle Verträge der Benefiziaten über den Genuß ihrer Rechte mit ihrem Leben auf? Und eben die Behauptung, die Fructus biennales seyen an die Stelle des Kathedratikums getretten, würde, falls sie auch gegründet wäre, die offenbarste Rechtfertigung des Nachfolgers seyn, der das debitum principale (freylich mit Verzicht auf das aequivalent) wieder zu fodern anfieng. Nichts bleibt also den Stiftern übrig, als Verjährung, die aber gegen ein in jure Communi gegründetes Recht dessen Ausübung noch über dieß *res merae facultatis* ist, nie angeführt werden kann.

Wenn ich Ihnen also auch zugäbe, daß ich nicht weiß, was das Synodatikum in dem an die Klöster geschickten Protokollar-Auszuge bedeutet, so folgt das nämliche in Ansehung der Stifter eben noch nicht. Diese sind unserm Synodatikum ursprünglich unterworfen; eine rechtsbeständige Befreyung können sie dagegen nicht aufbringen; was also unter diesem Namen von ihnen gefodert wird, ist im eigentlichen Sinne das Kathedratikum des gemeinen Rechtes.

Zwölfter Brief.

Wirzburg den 19 Merz 1785.

Ich kann Ihnen nicht bergen, daß ich nicht recht weiß, wie ich Ihren lezten Brief mit dem Grundgeseze unsers Briefwechsels, der Aufrichtigkeit, vereinigen soll; wenigstens ist mir die gegen das Ende desselben herrschende Logik ganz fremd. Sie glauben das von den Klöstern und Stiftern auf gleiche Weise geforderte Synodatikum könne in Ansehung dieser das eigentliche Kathedratikum, zugleich aber auch in Ansehung jener etwas anders seyn. Aber was denn? — Vor allen sollten wir armen Layen, denk' ich, nicht trennen, was ein H. G. G. B. zusammen gefügt hat; ja was die gesunde Vernunft selbst zusammen füget. Das neue Synodatikum sagen Sie, kann in Beziehung auf die Klöster das eigentliche Kathedratikum nicht seyn, weil ausdrückliche Geseze diese davon frey sprechen. Gut; aber kann ich Ihren eigenen Schluß nicht auch so wenden? das manchen Stiftskirchen über zweyhundert Gulden angesezte

gesetzte neue Synodatikum kann auch in Beziehung auf diese das eigentliche Kathedratikum nicht seyn, weil ausdrückliche Gesetze dieses ohne Ausnahme auf 2 Solidos einschränken, die nach dem römischen Konzilium von 1725. gegen 3 fl. 36 kr. betragen. Ganz genau kann dies nicht bestimmt werden; da man nur noch nicht weiß, ob von goldenen oder silbernen Solidis hier die Rede ist. Die deutsche Encyclop. unter dem Worte Cathedratikum erklärt sich mit sehr gutem Grunde für die letzten, und berechnet das Ganze auf 2 fl. 45 kr.; wollte man aber auch goldene annehmen; so wären es höchstens 2 Goldgulden von jeder Kirche. Das mögen nun die Herren Antiquarier unter sich ausmachen; uns geht ihr ganzer Streit nichts an, da folgende Regel Benedikts XIV. für meine gegenwärtige Behauptung entscheidend ist: „Cum „nihil certi, (sagt Er de Synod. diocef. L. „V. C. 7. §. 1.) hac de re a jure Communi „colligere poſſimus, concludendum eſt, „certam & univerſalem regulam quoad quan„titatem Cathedratici, præſcribi non poſſe,
„ſed

„sed illam desumendam esse à particularibus „locorum statutis & recepta in qualibet diœ-„cesi consuetudine." Und diese ist in der Ihrigen 1 fl. 30 kr. von jeder Pfarrey; von den Stiftern und Klöstern aber — nichts. Der große Abstand zwischen Ihrem neuen Synodatikum und dem gesetzlichen Kathedratikum in Ansehung der Summen ist also unläugbar; mein auf ihre wesentliche Verschiedenheit daraus abgeleiteter Schluß ist es folglich auch; vorzüglich Ihnen, da Sie in Betref der Klöster selbst so geschlossen haben.

Zu dieser Gleichförmigkeit der Schlüsse kömmt nun noch die vollkommene Aehnlichkeit der Sachen selbst; das ist, die Stifter im Mainzischen sind von dem Kathedratikum nicht weniger frey, als die Klöster.

Das glauben Sie nicht, weil Gesetze, Verträge und Verjährung jenen nicht, so wie diesen, zu statten kommen. Ich gebe zu, daß kein ausdrückliches Gesetz diese Freyheit der Stifter gründet, wenn man diejenigen, die

von

von den Klöstern sprechen, nicht auch von den Stiftern verstehen will; und das wäre von der Sprache derjenigen Zeiten, wo Monasterium eine ganz gewöhnliche Benennung auch der Stifter war, und die Stiftsgeistlichen, so wie die Mönche, in Gemeinschaft lebten, so entfernt eben nicht.

Zugegeben also, daß kein ausdrückliches Gesetz die Stifter von dem Kathedratikum frey spricht, so kann denn doch auch keins gezeigt werden, das sie dazu verbindet; blos von den Pfarreyen ist hier bey Gratian sowohl als in den Dekretalen die Rede. *) Allenthalben heißt es: *Parochia, parochiana ecclesia, loci presbyteri, clerici plebis*, nirgends Collegia oder auch nur Clerus ohne ausdrückliche Einschränkung auf die Pfarrkirchen. Ein Umstand, der die Freyheit von dieser lediglich durch Gesetze eingeführten Verbindlichkeit schon für sich hinlänglich erweiset, besonders, wenn ein unfürdenklicher Besitzstand, wie bey Ihnen

---

*) Cauf. 10. quæst. 3. und der Titel X de Censibus sind hierüber die klassischen Stellen.

nen der Fall ist, mit diesem Stillschweigen der Gesetze übereinstimmt; denn dafür, daß es mit diesem Synodatikum auf den alten Fuß gehalten werden müsse, haben wir ausdrückliche Gesetze z. B. Can. 5. Cauſa 10. qſt. 3. „Cathedraticum non amplius quam vetuſti „moris eſſe conſtiterit, ab ejus loci presby-„tero noveris exigendum." *Cap.* 3. *X. de Cenſib.* „Mandamus quatenus, ſi ab ini-„tio hoc non fuerit, etiam labentibus tem-„poribus aliquid noviter non permittas „imponi." *Cap.* 9. *ibid.* „Novis exacti-„onibus decreto noſtro prohibemus generali-„ter à modo eccleſias prægravari.

Das gemeine Recht ist also, wo nicht für diese Freyheit der Stifter, doch gewiß nicht gegen sie.

Verträge! Sie kennen keine, welche Ihren Stiftern hier zu statten kämen? Wenn Sie dieß namentlich von dem Kathedratikum verstehen, so haben Sie freylich Recht; aber ist es auch ein Wunder, da es nie einem Ihrer Erzbischöfe

bischöfe in den Sinn gekommen ist, es von den Stiftern zu fodern. Im Gegentheile schenkten sie denselben wohl noch oben drein das Recht, es von gewissen Pfarrkirchen für sich selbst einzunehmen, wie es die Urkunden bey *du Cange* unter dem Worte *Cathedraticum* von Ihrem Peterstifte, und die bey *Gudenus, Cod. dipl. I.* 160. von dem zu Aschaffenburg beweisen.

Was aber an die Stelle förmlicher Verträge über diesen Gegenstand tritt, sind die dem Klerus in seinen Privilegien von so vielen Erzbischöfen, und zwar *titulo oneroso* wiederholten Verheißungen, ihn über die hergebrachten Auflagen mit keinen andern, unter welchem Namen es auch immer sey, zu beladen. Schon im Jahre 1321 sagt der Erzbischof Matthias bey Würdtwein, *Nova subs. dipl. III.* 101. „quia ecclesiarum & monasteriorum Maguntinensium praelati, Capitula & Conventus consideratis gravibus & diversis expensis ... ex *mera liberalitate* & promptitudine virtuosa nobis pergrate „ sub-

„ subventionis subsidium succurrere decre-
„ verunt, propter quod nos vice versa eis
„ condignis retributionibus, quantum possu-
„ mus respondere . . . promisimus, & irre-
„ fragabiliter promittimus per hæc . . . scripta,
„ quod . . . nihil de dignitatibus, persona-
„ tibus & ecclesiis parochialibus incorpo-
„ ratis in Civitate vel extra in diocesi Mo-
„ guntina racione subsidii vel contributionis,
„ cujuscunque nomine requiremus specialiter,
„ vel cum aliis communiter, aut recipiemus
„ ab ipsis, seu recipi volumus aut requiri,
„ *cum per contributionem sive subventionem*
„ *ecclesiarum Moguntinensium communem*
„ *satis oneratos reputemus eosdem.*"

Diese so feyerliche Verheisung ist vier Jahrhunderte hindurch von den meisten Erzbischöfen wiederholt worden, und besteht noch mit einigen hier nicht gleichgültigen Zusäzen auf den heutigen Tag. Für einen förmlichen Vertrag muß sie, theils wegen der acceptation des Klerus, theils wegen ihres tituli onerosi ohne Widerrede gelten, daß sie aber auch auf das Kathedratikum geht, ist wohl nicht zu läugnen

Erstes Heft. D

läugnen, da sie die Stifter ja sogar alle ihnen inkorporirte Kirchen und Benefizien von allen bey denselben ungewöhnlichen Abgaben, wohin dann das Kathedratikum gewiß gehört, ohne Ausnahme frey spricht.

Bestehen Sie aber noch immer auf der Foderung eines des Kathedratikums ausdrücklich erwähnenden Vertrages, so weiß ich Ihnen keinen besseren vorzulegen, als den, welchen die geistliche Reichsstände, das ist die deutsche Kirchengewalt, mit den die ganze Nazion vorstellenden Weltlichen geschlossen haben, nämlich das wegen des Lichtes, so es über die ganz ähnlichen trientischen Verfügungen verbreitet, und wegen seiner selbst so äusserst wichtige *Concordatum principum* von 1530. Hier heißt es unter der Aufschrift, von dem Leyen= Sendt: „und wellen wir, daß denselben Visitatoribus das Kathedratikum, welches die Recht auch zugeben, wo es im Brauch ist, für die Prokurazion auch die beständige Rendt inkommens und Gefälle, so die Archidiakon, Probst und Erzbriester von altem

altem Herkommen gehabt, gegeben und nit entzogen werden sollen. Wo aber das Kathedratikum nit im Gebrauch, soll dem Visitatori nach eins ygelichen Landsherkommen und Gewohnheit ain ziemliche Prokurazion nit abgeschlagen werden; wo man aber von Alter her nichts gegeben hett, soll hinführo auch nichts gegeben werden."

Hier wird nun das Kathedratikum selbst den Pfarreyen, die doch das gemeine Recht gewiß dazu verbindet, selbst wo es mit der Verehrung der bischöflichen Kathedra noch die Verpflegung der Visitatoren in sich vereinigt, von der geistlichen Gewalt selbst, im Fall es nicht hergebracht ist, nahmentlich erlassen, so die allgemeine Regel über dasselbe sowohl als über die Prokurazionen festgesetzt, daß, wo man von Alter her nichts gegeben hat, auch in Zukunft nichts geben solle.

Ohne mich hier in die Frage von der Reichsgesetzlichen Kraft dieses Konkordats einzulassen, bemerk' ich nur, daß es doch uns streitig

streitig die eines Vertrages habe, welche alle Kompazifzenten bindet; daß Mainz in seiner doppelten Eigenschaft unter diese; nicht aber unter die dagegen Protestirenden zu zählen sey, ist wohl keinem Zweifel unterworfen.

Haben Sie nun Verträge genug? — Ja, aber ihre Verbindlichkeit für die Nachfolger? — Zweifeln Sie im Ernste daran? Nun, so müssen Sie entweder alle aus Verträgen der Vorgänger auf ihre Nachfolger übertragene Verbindlichkeit, und mit ihr alle Treu und Glauben zwischen der obersten Gewalt und ihren Untergebenen (mich schauert bey diesen Gedanken) rund weg läugnen, oder Sie müssen mir sagen, was denn noch unter den Menschen heilig ist, wenn es so bündige, auf titulum onerosum gegründete, über 400 Jahre bestätigte, nicht von der Person des Ordinarius, sondern von der in seinen Händen ruhenden Kirchengewalt mit aller möglichen Feyerlichkeit verliehene Privilegien, wenn es die zwischen dieser Kirchengewalt, und den die Untergebenen repräsentirenden Reichsständen

den eingegangenen Verträge nicht sind; besonders wenn sie, so wie hier, den ununterbrochenen Besitz der ursprünglichen Freyheit zum Grunde haben. In diesem Falle sind es nicht blose Privilegien, nicht neue Verbindlichkeiten einführende Verträge, sondern Anerkennung, Bestätigung der Gesetze selbst, die bey diesem Gegenstande das Herkommen zur Richtschnur setzen; und was dieser entgegen ist, ausdrücklich verwerfen.

So ein von dem ersten Ursprunge einer ganzen Gattung von Kirchen einer Diözes hergeleiteter Besitzstand der Befreyung von einer auch sonst gesetzlichen Abgabe muß jedem heilig seyn; vorzüglich demjenigen, der andere den Gesetzen ganz unbekannte Abgaben lediglich auf denselben gründet. Auch haben Ihre Höchsten Ordinarii, nahmentlich Theoderich, bey Behauptung der Fructuum biennalium sich einzig auf die *antiquam, hactenus observatam consuetudinem, de cujus contrario hominum memoria, non exiſtit,*

als

als auf ein unerschütterliches Fundament berufen. Siehe Würdtw. *Subſ. dipl. VI.* 3.

Ueberhaupt ist Observanz nirgends eine wesentlichere Richtschnur, als bey Absteckung der Grenzen einer Macht. Die Verfasser ihrer geistlichen Monatschrift bemerken dies an mehrern Stellen, wo sie das Judicium finium regundorum zwischen der geistlichen und weltlichen Macht anstellen; da bestehen sie, und dies mit Grund, auf den Rechten der Kirchengewalt, nicht wie sie sich in abstracto bilden lassen; sondern wie sie durch verfassungsmäsige Observanz unsers Reichs gebildet und befestiget sind; und auf diesem Grunde steht denn auch die Macht der deutschen Bischöffe so fest, als die Verfassung des Reiches, in welche sie, vorzüglich durch Herkommen, verwebt ist. Aber das nämliche muß auch bey Absteckung der Grenzen eben dieser Macht gegen ihre untergebenen Diözesanen gelten, deren Freyheitsrechte ebenfalls in das System des Reiches, dessen Masse sie ausmachen, verwebt sind. Mit welchem Grunde könnten sich auch

auch die deutschen Bischöffe gegen die Eingriffe der weltlichen Macht auf die nemliche Observanz berufen, die sie gegen ihre Diözesanen, deren Rechte eben diese weltliche Macht nach der Natur unsers Reiches vertretten muß, nicht wollten gelten lassen? — In Frankreich wird jeder Uebertrettung so eines durch Gesetze und Verträge geheiligten Herkommens durch ein *appel comme d'abus*, das, der Sache nach, auch in Deutschland statt hat, täglich begegnet, und diese wesentliche Grenze zwischen Bischof und Diözesanen selbst durch die weltliche Macht, als die Beschützerin aller Eigenthums-Rechte der Bürger, unverrückt erhalten. Siehe namentlich von dem Kathedratikum, *Richard Analysis Conciliorum III. voce Cathedraticum*.

Ja dieser Besitzstand muß hier noch in einer andern Eigenschaft Richtschnur seyn, nämlich in der einer gesetzmäßigen Verjährung. Ich weiß es, manche Kanonisten wollen diese gegen das Kathedratikum nicht gelten lassen; aus welchem Grunde aber, weiß ich so eigentlich nicht, wofern sie nicht die Pflicht der Verehrung der Kathedra mit der bestimmten Art, sie durch zwey Solidos zu leisten, verwechseln; Jene ist freylich unverjährbar, nicht aber diese, wie es denn auch die Gesetze ausdrücklich bezeugen; Ich berufe mich auf alle diejenigen, in welchen die 40 jährige Præscription gegen den so genannten Legem diocesanam, wohin das Kathebraticum doch auch gehört, ja selbst gegen Zweige der eigentlichen bischöflichen Gewalt anerkannt und zum Grund gelegt wird. *Cap.* 3. X. *de in integrum restitut*: „Tanto tempore pro„bantur per testes, ab Abbatibus de Evescam „pleno jure possessæ (certæ ecclesiæ) ut vi„deatur in eis jus episcopale legitime præ„scripsisse." *Cap.* 4. X. *de præscript*: „de quarta decimæ & oblationis defunctorum (diese steht in der *Capite Conquærente* enthaltenen Aufzählung der bischöflichen Rechte neben dem Kathedratikum) „Clericus ab im„petitione episcopi quadragenaria præscri„ptione temporis se posse tueri videtur." *Cap.* 18. *ibid.* „Cum olim frater Episcope „cum

„cum abbate & monachis fancti falvatoris
„de ficheto fuper... Capellis ipfius in
„noſtra præſentia litigando, inſtitutionem
„in eis, & alia ad jus episcopale pertinentia
„vendicares, ad fundandam intentionem
„tuam jus Commune principaliter allegabas
„ ... quia prædictus abbas fufficienter
„oſtendit, monaſterium ſuum ſuper inſtitu-
„tionibus, deſtilutionibus & ordinationibus
„plebani & clericorum, baptismo & pœni-
„tentia in levioribus culpis, ſepultura, de-
„cimarum perceptione... legitima præ-
„ſcriptione munitum abbatem ipſum ab im-
„petitione tua ſuper jam dictis articulis
„duximus abſolvendum."

Haben Sie aber irgend eine Bedenklichkeit, dieſe 40 jährige Præſcription gegen das Kathedratikum anzunehmen, ſo erlaß ich Ihnen auch dieſe, und ſchränke mich lediglich auf die *immemorialem* ein. Von dieſer ſagt Böhmer in ſeinen Principiis juris Can. *L. III. Sect.* 5. *tit.* 9. §. 640. „Hac probata naſcitur vio-
„lenta juris præſumptio juris olim legitime
acqui-

„acquisiti, quæ vice tituli & legitimæ con-
„ceſſionis fungitur; ideoque præſcriptio im-
„memorialis in omnibus caſibus obtinet, ubi
„jus commune poſſeſſori eſt contrarium,
„etiamſi ſpecialem titulum oſtendere ne-
„queat." Dieſer Grundſatz liegt in dem Geſetzbuche ſelbſt; ſo heiſt es *C. 1. de Præſcript. in 6to.* „Ubi tamen eſt ei jus commune
„contrarium, vel habetur præſumtio contra
„ipſum, bona fides non ſufficit, ſed eſt ne-
„ceſſarius titulus, qui poſſeſſori cauſam tri-
„buat præſcribendi, niſi tanti temporis alle-
„getur præſcriptio, cujus contrarii memoria
„non exiſtat."

Aus dieſem geſetzlichen Begriffe der unfürdenklichen Verjährung erhellet, daß ſie nicht ſo wohl Præſcription eines zu erwerbenden Rechtes, als geſetzliche Vermuthung des ſchon erworbenen genennt werden ſollte. Sie müſſen alſo, um ihre Kraft von dem Kathedratikum zu entfernen, beweiſen, daß die Befreyung von demſelben auf keine Weiſe erworben werden kann; Während dem Sie damit

mit beschäftigt sind, will ich Ihnen beweisen, daß sie schon wirklich erworben worden ist; und da brauch ich mich nur auf das zu berufen, was ich von den Klöstern aus den Gesetzen gezeigt habe, was Würdtwein von so vielen Pfarrkirchen in seiner Archidiocesi Mog. anführt, welche diese Freyheit mit der Anerkennung der bischöflichen Gewalt verbinden; und was Lambert, Bischof von Arras bey Baluzius sagt: „Concessimus & scripto „ confirmavimus, praedicta loca ... ab omni „ Cathedratica redhibitione libera" *).

Ist nun die Befreyung von dem Kathedratikum jemals erworben worden, so ist sie denn doch wohl erwerbar; und ist sie dieß, so muß sie, als wirklich erworben, angesehen werden, wenn sie sich, wie bey Ihren Stiftern unläugbar der Fall ist, auf einen unfürdenklichen Besitz gründet.

Aber

*) Tom. V. Miscell. pag. 342.

Aber die Foderung des Kathedratikums ist *res merae facultatis*, folglich unverjährbar. — Sollte der Vordersaz so ganz richtig seyn? Res meræ facultatis nennt Böhmer am a. O. die Rechte, *quorum exercitium pendet à libertate naturali vel ab alio jure haud controverso*. Nun aber ist das Kathedratikum doch wohl kein Ausfluß der natürlichen Freyheit der Bischöfe; und eben so wenig ist es mit einem andern anerkaunten bischöflichen Rechte nothwendig verbunden; denn dieses wäre allenfalls das Recht, von seinen Diözesan-Kirchen Verehrung zu fodern; ein Recht, das sich ohne die Foderung zweyer Solidorum ganz füglich dencken läßt; ja es existirt wirklich ohne dieselbe bey den Klöstern, wie ich aus Gesezen schon bewiesen, und Sie selbst zugegeben haben. Die Verehrung der bischöflichen Kathedra, und die Abgabe von 2 Solidis sind also keine untrennbare Pflichten, folglich ist auch die Foderung der lezten keine *res merae facultatis.*

Und

Und wäre sie es auch, so hätte ihre Verjährung doch gleich nach dem ersten Widerspruche von Seiten der Diözesanen, oder Versprechen, sich derselben nie zu bedienen, von Seiten des Ordinarius, zu laufen angefangen. Beydes ist aber in ihrer Diözes eben so oft geschehen, als der Klerus sich allen ungewohnten Auflagen entgegen setzte, und die Erzbischöpfe in den Privilegiis cleri, in ihren Wahlkapitulazionen, ja in einem feyerlichen Concordat sich derselben zu enthalten versprachen.

Das Kathedratikum, sey es auch noch so privilegirt, unterliegt also doch der unwiderstehlichen Kraft der praescriptionis immemorialis. Stossen Sie sich aber noch an diesem Namen, so wollen wir sie mit Böhmer violentam juris praesumptionem libertatis olim acquisitae nennen. Die Sache selbst bleibt immer dieselbe; Ihre Stifter haben also durch den unfürdenklichen Besizstand diese Freyheit so gut erworben, als die Klöster durch die Geseze; bey diesen ist sie ein wirkliches *Privilegium*; bey jenen ein von den Gesezen selbst

als

als wirklich angenommenes. Ganz daßelbe Beyspiel haben wir an der Verjährung der Procurationen, von welchen das Tridentinum selbst sagt: „In iis vero locis seu provin„ciis, ubi consuetudo est, ut nec victua„lia, nec pecunia, nec quidquam aliud à „visitatoribus accipiatur, sed omnia gratis „fiant, ibi id observetur."

Finden Sie nach all diesem noch für gut sich auf die Auctoritaet einiger Schriftsteller zu berufen, so sag' ich Ihnen, daß Sie entweder, wie Engel L. III. tit. 39. n. 7. meint, von der praescriptione quadragenaria reden, oder, welches mir von den meisten wahrscheinlicher ist, die wesentliche Pflicht der Verehrung mit der zufälligen Art sie zu erfüllen verwechseln. So verwerfen Thomaßin, *) und Benedict XIV. **) die Verjährung dieser

---

*) V. & N. eccles. discipl. III. L. 2. Cap. 34. nro. 5. 7.

**) Synod. dioces. V. Cap. 7. nro. 6.

ſer Freyheit, und geben doch zugleich ihre Verleyung durch Privilegien zu. Ein offenbarer Widerſpruch, wenn ſie von der Praeſcriptione immemoriali reden, die nach *Cap.* 26. *X. de V. S.* die Kraft eines wirklichen Privilegiums hat. Ja Benedict XIV. ſagt ausdrücklich, daß bloß gegen die Verehrung der biſchöflichen Kathedra keine Praeſcription ſtatt habe *).

Iſt nun die Freyheit von dem Kathedratikum verjährbar, ſo iſt ſie zum Vortheil ihrer Stifter, die von ihrem Urſprunge an im Beſiz derſelben ſind, gewiß verjährt. Iſt aber dieß, ſo kann es denſelben als eine alte Abgabe nun nicht erſt auferlegt werden; was ihnen alſo vor kurzem unter dem Namen des Synodatikums auferlegt und auch ſchon eingetrieben worden iſt, kann das in gemeinen Rechten gegründete Kathedratikum nicht ſeyn.

Von

---

*) ibid. nro. 8.

Von den Klöstern haben Sie eben diesen Schluß schon angenommen; um ihn noch mehr zu befestigen erinnere ich, daß, wär ihr neues Synodatikum das alte Kathebratikum; seine Summe, die 2 Solidi, nicht hätte überschritten werden können; denn durch die Geseze ist sie ausdrücklich bestimmt, und der Endzweck des Kathebratikums, der immer derselbe ist, kann nie eine Erhöhung fodern. Da Sie mir aber selbst sagen, daß Ihr Synodatikum bey manchen Kirchen über 200 fl. angesezt ist, so seh ich nicht, wie Sie es das in den Gesezen enthaltene Kathebratikum nennen können.

Dreyzehnter Brief.

Mainz den 12 April 1785.

Ich habe eine ungewohnte Lücke in unserm Briefwechsel gelassen, weil ich nicht recht wußte, was ich Ihnen auf ihre lezte Epistel antworten

worten folte. Nun aber hab ich seit einigen Stunden eine Entdeckung gemacht, die den Knoten, der uns bishero so viel zu schaffen machte, auf einmal auflöst. Ich theile sie Ihnen, als die beste Beantwortung Ihres lezten Briefes, auf der Stelle mit.

Das neue Synodatikum ist weder eine neue Anflage, noch das Kathedratikum: sondern es sind die alten Synodalien, die zur Belohnung der Herren geistlichen Räthe verwendet werden sollen. — Nun bekenn' ich meinen Irrtum mit Freuden, da die entdeckte Wahrheit so heilsam ist. Auch Sie, mein bester Freund, werden diese Freude mit mir theilen, wenn Sie bedenken, daß auf diese Weise die Arbeit so würdiger Männer belohnt, ihr Eifer für das Haus Gottes unterhalten, und, da es mehr in Prämien, als in ständigen Besoldungen vertheilt werden soll, auch noch sonst manche erwünschte Absicht erreicht werden wird.

Da nun diese Untersuchung so ganz unvermuthet vollendet ist, so erwart ich von Ihnen den Stof zu einer andern, und bin . . .

Vierzehnter Brief.

Wirzburg den 18. April.

Mit Auffindung eines neuen Gegenstandes unsers Briefwechsels brauchen wir uns eben noch nicht so sehr zu eilen, denn der bisherige kann uns noch eine gute Weile beschäftigen. Der Knoten, an dessen Auflösung wir nun schon einige Monathe arbeiten, ist durch Ihre lezte Nachricht, so angenehm sie mir auch sonst ist, nur noch verwickelter geworden. Wollen Sie ihn also nicht nach Alexanders Weise auflösen, so können wir ihn noch nicht aus der Hand legen. Der bisher verfolgte Faden führt uns, wie Sie nun selbst einsehen, zu nichts; lassen Sie uns also dem von Ihnen neu aufgefundenen nachgehen.

Die

Die alten Synodalien, zur Belohnung der Herren geistlichen Räthe! — Behüte mich der Himmel auch nur das mindeste dagegen einzuwenden. Man sage was man will, der Arbeiter ist seines Lohnes werth.

Also, wie gesagt, so eine Foderung mag billig, ja Evangelisch seyn; — nur ist es die Ihrige nicht; denn sie ist und bleibt denn doch immer eine neue Auflage, sezet also nach der Grundverfassung Ihres Staates die Einwilligung des Domkapitels voraus; die aber, wie Sie mir selbst gesagt haben, bey dieser weder gefodert noch ertheilt worden ist. Auch die freye Einwilligung des angelegten Klerus haben Sie mir selbst wegdemonstriret. Ja diese fällt nun, da die drey Herren geistlichen Räthe offenbar in Causa propria erscheinen, und eben so wenig als die eigenmächtig stimmenden Repräsentanten gezählt werden dörfen, weit unter die Majorität, und hebt sich folglich schon aus diesem Grunde von selbst auf.

Sehen Sie, warum ich auch diese Nachricht, so erwünscht sie mir ist, unmöglich glauben kann. Das Andenken meiner in Betref der zu haltenden Synode getäuschten Hofnung ist mir noch zu neu, um einer andern eben so unzuverlässigen so leicht Plaz zu geben.

Fünfzehnter Brief.

Mainz den 23 April 1785.

So geht es, wenn man sich durch eine zu voreilige Definizion der zu entwicklenden Ideen seinen Gesichtskreis zu sehr verengt hat. Da giebts Schlüsse, besonders verneinende der Menge, die alle unterblieben wären, wenn man Dinge nicht übersehen hätte, die ebenfalls in der Bedeutung des Wortes liegen. Bestimmter zu reden, Sie haben oben bey Entwicklung des Synodatikums eine Gattung desselben ganz übergangen; und zum Unglücke ist es grad diejenige, wovon hier die Rede ist. Nun ist die Reihe, Ihnen etwas vorzudemonstriren, an mir. Hören Sie also.

Synoda-

Synodatikum ist der Name eines Generis sowohl, als einer Speciei bischöflicher Abgaben; zu Vermeidung alles Mißverständnisses sollte man sich für die generälle Bedeutung lieber des Wortes Synodalien bedienen, welches dann nebst dem Kathedratikum noch andere Species unter sich begreift; wie man sich aus den Sendtrechnungen bey Würdtwein *) augenscheinlich überzeugen kann.

Eine aus diesen von dem Kathebratikum verschiedenen Gattungen der Synodalien ist es nun, was unter dem Namen des Synodatikums von den Stiftern und Klöstern im Mainzischen gefodert wird; und da die Synodalien alle in gemeinen Rechten gegründet sind, so ist es diese Gattung derselben gewiß auch. Sie bedarf also bey ihrer Wiedereinführung keiner kapitularischen Einwilligung; denn daß sie nicht zum persönlichen Nutzen des Hochwürdigsten Erzbischofes, wie es doch geschehen

*) Archid. Mog. Coment. IV. pag. 550. 551. 553.

hen könnte, sondern zur Besoldung würdiger, für das Wohl der Kirche arbeitender Männer verwendet wird, fodert Dank und Lob, aber keine besondere Feyerlichkeit.

Also die in gemeinen Rechten gegründeten, vor Zeiten auch im Mainzischen üblich gewesenen, von dem Kathedratikum wesentlich verschiedenen Synodalien sind es, was nun in einem verhältnißmäßigen Geldanschlage auch von unsern Stiftern und Klöstern gefodert und eingetrieben wird.

Halten Sie den Knoten noch immer für unaufgelöst?

Sechszehnter Brief.

Wirzburg den 27. April 1785.

Was Sie mir da von Synodalien aus Würdtwein vordemonstrirt haben, mag grundgelehrt seyn, nur gehört es nicht hieher; denn nie waren sie bey den Stiftern und Klöstern, sondern lediglich bey den Gemeinden eingeführt; und auch bey diesen sind sie seit undenklichen Jahren (höchstwahrscheinlich Kraft des schon erwähnten Fürsten - Konkordats von 1530.) abgeschaft. Sie könnten also, wenn ja Verträge und Verjährung noch etwas gelten, nicht einmal bey diesen wieder eingeführt, vielweniger den Stiftern und Klöstern neu auferlegt werden. Zahlen nicht ihre Pfarrer noch heutzutage das Kathedratikum mit 1 Rthlr,; und dennoch glaub ich Ihnen bewiesen zu haben, daß es den Stiftern nicht aufgebürdet werden könnte. Sie werden mich also nie bereden, daß eine diesen neu angesetzte Abgabe, die bey denselben nie bestandenen, und selbst bey den Gemeinden, wo sie bestanden hatten, durch Vertrag und Verjährung abgestellten

stellten Synodalien seyen. Wenn Sie mir also
keine andere von dem Kathebratikum verschiedene Speciem Synodalium, als die bey Würdtwein angeben können, so fürcht' ich, sie be-
mühen sich vergebens, Ihr neues Synodatikum der Stifter und Klöster unter dieses Genus
zu bringen.

Siebenzehnter Brief.

Mainz den 1. May 1785.

Ich weiß nicht, was mich jüngst in meiner
Entwicklung der ganzen Kathegorie von Synodalien unterbrochen hat, und ich sehe nun
mit Verwunderung, daß ich Ihnen nur eine
einzige Gattung derselben, und grad diejenige,
welche die Klöster und Stifter so wenig, als
die Fructus biennales ben Dorf-Müller an-
gehen, angeführt habe. Da haben Sie freylich Recht, daß diese unser neues Synodatikum nicht seyn kann; oder es giebt noch
andere.

Ohne

Ohne mich in eine gelehrte Abhandlung über die Synoden einzulassen, kann ich voraussetzen, daß Sie mir leicht zugeben werden, ihre öftere Wiederholung sey immer einer der ernstlichsten Wünsche ja Befehle der Kirche gewesen. Daß sie immer mit einigen Unkosten verbunden waren, werden Sie mir eben so wenig in Abrede stellen. Der Beytrag, dieselben zu bestreiten, ist also eine wesentliche Pflicht derjenigen, zu deren Nutzen die Synoden gehalten werden, und das Recht, diesen zu fodern, ist mit dem Rechte, die Synoden zu berufen, unzertrennlich verbunden; und dies ist eben die am Ende Ihres letzten Briefes geforderte Species Synodalium, und grad diejenige, bey welcher alle hier erfoderlichen Eigenschaften eintreffen: 1) Die Verbindlichkeit der Stifter sowohl als der Klöster. 2) Ihre Unverjährbarkeit. 3) Die Freyheit des Bischofs in Bestimmung ihrer Summe; mit einem Worte alles, was zu einer rechtmäsigen, in den Gesetzen, ja in dem Begrif der bischöflichen Gewalt selbst gegründeten, folglich von aller näheren Berathung mit dem Domkapitel freyen Auflage gehört.

Achtzehnter Brief.

Wirzburg den 5. May 1785.

Alles zu einem rechtmäsigen Synodatikum erfoderliche haben Sie hier, nur nicht seine einzige *Causam debendi*, den Synodus, an welchen, wie Sie mir selbst sagten, bey der ganzen Sache nie gedacht wurde.

Diese einzige Bemerkung ist, wie mich dünkt, hinlänglich, auch diese Gattung der Synodalien, als zu unserm gegenwärtigen Zwecke ganz undienlich, von unsrer dermaligen Untersuchung zu entfernen; doch um den Raum, und die Ihnen nun einmal bestimmte Zeit auszufüllen, will ich noch einiges über dieselbe erinnern.

Die mit jeder Synode verbundenen Unkosten sollen damit bestritten werden! Welche sind diese?

diese? Wir reden ja doch blos von der Diözesan Synode; und da kenn' ich keine andere, als die der Auswärtigen für ihre Reise und den nöthigen Aufenthalt in der Stadt. Aber diese müssen ja die Land-Diözesanen selbst tragen, wenigstens verbindet kein Gesetz den Bischof dazu. Für seine eigne Person seh' ich auch nicht die mindesten Unkosten; ich weiß also nicht, wozu er so ein Synodatikum bey wirklicher Haltung einer Synode fodern könne. Die unsterblichen Erzbischöfe Sebastian von Heisenstamm, und Karl der Borromäer müssen es auch nicht gewußt haben; da sie bey Ausschreibung ihrer Synoden an alles, nur nicht an dieses Synodatikum gedacht haben. Aus Vergessenheit geschah' es doch nicht; denn Karl hat diese Saite wirklich berührt: *) „Ubi Mediolanum venerint, (Sacerdotes ex-„tranei) ne ad Cauponas, sed ad Amico-„rum ... domicilia divertant ... Si vero „quis neminem certum hominem habet, apud „quem diverſetur, primo ... præfectum Cle-

*) Acta ecclef, med. P. II. Synod. IV. decret. 45.

„Clericalis hofpitii adeat, qui certum eccle-„fiaftici hofpitii locum attribuet." Alſo höchſtens Einquartirung; aber keine Gelegenheit zu einer biſchöflichen Ausgabe; ja das Konzilium von Köln An. 1549. verordnet ausdrücklich, daß die vom Lande zu den Synoden Abgeordnete von ihren Kapiteln (alſo nicht von dem Biſchofe durch Beyträge der Stadtgeiſtlichkeit) erhalten werden ſollen: „Decani collegiorum accedentes ad Synodum pro ſuis collegiis in religionis officio & dignitate ſua conſervandis: & decani rurales pro ſuæ regiunculæ parochiis Deo utique militant; nemo vero militat ſuis dispendiis. Propterea ſtatuimus, ut pro numero dierum, quibus concilium durat, conferant Decanis ſuis Collegia & parochi ſubſidia." Und der berühmte Bignon ſtellte am 13. Februar 1637. in dem Rechtshandel eines Pfarrers den allgemeinen Satz auf: „Præſentia in Synodo „eſt reverentiale jus, cui ſe parochorum „nullus eximere poteſt, quin tamen propter„ea quidquam ſolvat." ſiehe *Richard analyſis Concilior. III. voce Cathedraticum.*

Ich

Ich zweifle auch sehr, ob sich eine Spur dieses Synodatikums in den Jahrbüchern ihrer Stifter in der Stadt finden wird.

Doch gesezt, der Bischof hätte bey einer Diözesan-Synode wirklich Unkosten, so sind es doch eben nicht gleich jährlich 6000 fl. und es folgt auch daraus noch nicht, daß sie dem Klerus so ohne alle Umstände aufgebürdet werden können; denn die Synoden sind, wie die Landtage, mehr zum Vortheil der ganzen Diözes, als der Klerisey, und diese, wenigstens die Auswärtige, hat ihre eignen Ausgaben dabey. Auch steht es nirgends geschrieben, daß der Ordinarius überall eine ständige Abgabe, vielweniger von dem Klerus allein, zur Haltung seiner Diözesan-Synode begehren könne; denn in den Gesezen kömmt kein anderes Synodatikum vor, als das von 2 Solidis, und blos zur Verehrung der bischöflichen Gewalt; zugleich aber mit ausdrücklicher Ausnahme der Klöster. So ein Synodatikum kann ihnen hier wenig helfen; zudem

ist

ist schon erwiesen und eingestanden, daß es Ihr neues Synodatikum nicht ist.

Wenn irgend eine Synode dem Ordinarius Unkosten verursachet, so ist es in unsern Suffraganeat - Diözesen die Provinzial-Synode; von keiner aber ist mir unter diesem Rubrum eine beständige bischöfliche Auflage, wohl aber das Gegentheil bekannt: Hören sie, wie sich der Wormser Klerus über die von seinem Bischofe Heinrich im Jahre 1234 erhaltene Freyheit von allen neuen Abgaben ausdrückt: „ volumus etiam & ordinamus, *se-*
„ *cundum antiquam consuetudinem obser-*
„ *vatam,* ut dum Concilium à Domino Me-
„ tropolitano fuerit celebrandum, quælibet
„ ecclesia faciat expensas pro suis prelatis, &
„ illis ab ecclesia adjunctis, & *ultra illas*
„ *expensas ecclesiae nullas facient alie-*
„ *nas* *).

Diese

---

*) Wurdtw. Subs dipl. XIII. 203.

Diese Gewohnheit muß nicht blos bey der Wormser Kirche bestanden haben; denn der Kirchenrath von Trient empfielt zwar *Ss.* 24. *de reform. Cap.* 2. die Haltung der Diözesan- und Provinzial-Synoden aufs nachdrücklichste; thut aber dieses Synodatikums, als einer Abgabe an den Bischof, mit keiner Sylbe Meldung; da er doch gleich in dem folgenden Kapitel bey Gelegenheit der Visitazionen die Prokurazionen so genau bestimmt, und den visitirten Kirchen auferlegt.

Dieses Stillschweigen der gemeinen Rechte sowohl als des Tridentinums ist zwar nur ein *argumentum negativum;* bedarf es aber wohl eines andern gegen denjenigen, der entweder die ausdrückliche Sprache der Geseze für sich haben, oder seine ganze Behauptung aufgeben muß, und in diesem Falle sind Sie; Denn gesezt, Sie könnten aus allem in der Welt, nur nicht aus deutlichen Gesezen die Verbindlichkeit des Kleruß zu Ihrem Synodatikum erweisen, so hätten sie wohl den Fall eines *Subsidii Charitativi,* nicht aber der

Aus-

Ausübung einer Gattung des in gemeinen Rechten vorgeschriebenen, bestimmten, und eben deswegen über alle fernere Solennitäten erhabenen Synodatikums dargethan; und wir wären mit der Auflösung unserer Hauptfrage, was das neue Mainzer Synodatikum eigentlich sey? noch um kein Haar weiter, als wir vor etwa 4 Wochen damit waren; wo ich meine Vermuthung einer ganz neuen Auflage wegen nicht eingeholten Domkapitelschen Konsenzes aufgeben muste; denn daß zu einem Subſidium Charitativum, so wie zu jeder neuen Auflage, nebſt einer triftigen Ursache auch dieser Konsenz erforderlich sey, ist die einhellige Sprache der Verträge und Wahlkapitulazionen Ihrer Erzbischöfe bey Würdtwein *) und anderstwo; ja der Geseze selbst.

Ueberhaupt kenn' ich nicht leicht einen unebenern Weg zu seinem Ziele zu gelangen, als den

---

*) An mehrern Stellen seiner subſ. dipl. Z. B. IV. 297.

den von Ihnen zur Entdeckung der Natur des neuen Mainzer Synodatikums hier vorgeschlagenen. Mit jedem Schritte stoffen Sie auf ein neues Hinderniß, und selbst bey dem lezten sind Sie noch weit von dem Ziele entfernt; denn gesezt ich räume Ihnen alles: die Nothwendigkeit so einer ständigen Auflage, die Billigkeit, sie dem Klerus ganz aufzubürden, die Entbährlichkeit des Domkapitelischen Konsenzes ein; so fehlt es ja noch immer an der *Causa debendi*, der zu haltenden Synode; ja wenn auch diese vorhanden wäre, so wäre eben diese ein Abgrund, über welchen Sie mit ihren 6000 fl. wohl schwerlich bis zu dem Vikariate gelangen würden.

Neunzehnter Brief.

Mainz den 10 May.

Kennen Sie keinen unebenern Weg als den Meinigen; so kenn auch ich keine leichter zu überschreitenden Unebenheiten als diese. — Meine, wie Sie sagen, neu aufgestellte Gattung der Synodalien ist und bleibt auch in ihrer von dem Kathedratikum unterschiedenen Eigenschaft im gemeinen Rechte gegründet; und das Erzbischöfliche General = Vikariat ist das Surrogat der Synoden. Diese zwey Säze führen mich über alle Schwürigkeiten, ja sogar über jenen Abgrund, der durch den lezten von selbst verschwindet, bis zum Vikariate hin.

Gegen den ersten haben Sie mir nun freylich manches eingewandt; kann ich aber nur ein einziges Gesez finden, worin das Synodatikum in dieser Bedeutung vorkömmt, so hab ich wenigstens diesen Schritt erfochten. Noch hat es zwar weder mir noch meinen Freunden geglückt, so ein Gesez auf-
zu-

zufinden; doch geb ich noch nicht alle Hofnung auf; indessen mag dieser Saz noch ausgesezt bleiben.

Um besto zuversichtlicher aber behaupt ich den andern, daß unsre Vikariate an die Stelle der Synoden getretten sind. Um sich davon zu überzeugen, braucht man nur die in beeden vorkommenden Geschäfte mit einander zu vergleichen. Ja die Sache ist so offenbar, daß sie auf unsern öffentlichen Kathedern gelehrt wird, wohin ich Sie denn nöthigen Falls verweise *).

---

*) Im vorigen Jahre ist unter dem Vorsiz des Mainzischen Herrn geistlichen Rathes und Prof. Jung der Saz öffentlich gedruckt und vertheidigt worden: Publica ecclesiarum negotia olim decisa in presbyteriis. (hodie Vicariatus, Consistoria) Also die Domkapitel in keinem Falle? — das ist doch hart. — Note des Herausgeb.

Vertretten aber die Vikariate die Stelle der Synoden, so tretten sie auch in ihre Rechte; und ich habe nichts weiter zu beweisen, als daß meine Gattung der Synodalien unter diese Rechte gehört. Dafür aber laßen Sie mich nur sorgen, und erklären Sie sich indeßen nur über den Vordersaz, gegen den Sie gewiß wieder hundert Schwierigkeiten aufbringen werden.

Zwanzigster Brief.

Wirzburg den 14. May.

Ihre zwey Säze sind allerdings die einzigen Flügel, welche Sie über die angezeigten Hinderniſſen tragen können; vergeſſen Sie also ja den Beweiß des erſten nicht; denn mit einem Flügel kömmt man nicht weit. Ich will indeſſen den andern prüfen.

Solte

Sollte die Ehre jener Surrogatschaft ein bloses Kompliment für die Vikariate seyn, so möcht' es immer hingehen; denn mit Komplimenten nimmt man es nie so genau; da Sie aber reelle Rechte darauf bauen wollen, muß dieser Ausspruch streng untersucht werden.

Wären die Vikariate das Surrogat der Synoden, so wäre das Ihrige, als das Vikariat eines Erzbischofes, unstreitig auch das Surrogat der Provinzial-Synode. Die Rechte, welche Sie ihm daraus über ihre Diözesan Geistlichkeit erfechten, müsten also aus dem nämlichen Grunde auch gegen den Klerus aller Ihrer Suffraganeate gelten, und wir Wirzburger unter andern wären vor einem ähnlichen erzbischöflich-Mainzischen Synodatikum keinen Tag sicher. Ja, wenn die Römer in Ansehung ihres Konsistoriums und der Kongregazionen einmal den nämlichen Grundsaz aufstellten, bekämen wir gar noch ein Synodatikum œcumenicum; und jeder Geistliche würde ununterbrochen die Unkosten einer Diözesan- Provinzial- und General-Versammlung zugleich bezahlen, ohne vielleicht in seinem ganzen Leben nur eine davon gesehen zu haben. Und wenn gar einmal, welches denn doch nicht unmöglich ist, eine aus denselben wirklich gehalten werden solte, was würde es alsdann geben? Doch, damit hat's nicht Noth; denn mit jener Surrogatschaft ist es eben so ganz richtig noch nicht; wie sich bey einigen flüchtigen Blicken in die ursprüngliche Verfassung der Diozesen zeigen wird.

Nach unsern katholischen Grundsäzen liegt die Kirchengewalt unstreitig in den Händen der Bischöfe, und obschon wir dieselbe nicht aus einer stillschweigenden Uebertragung der Gemeinden, sondern lediglich aus der Verfügung ihres Stifters ableiten,; so ist es uns doch ein ausgemachter Grundsaz, daß sie den Bischof nicht zu einem unabhängigen, willkürlichen Regenten seiner Kirche macht. Schon Christus verwirft diesen Despotismus: *Die Könige der Völker herrschen über sie; ihr aber nicht so.* Schon die Apostel eifern gegen die *Dominantes in Cleris turpis lucri gratia*;

gratia; und so weit unsre Denkmähler reichen, sehen wir den Bischof immer von seinem Presbyterium umgeben, ohne dessen Rath und Genähmigung Er nichts wichtiges unternehmen dorfte. Ignazius, um aus so vielen Zeugen nur wenige anzuführen, ermahnt die Epheser (1) „ut subjecti sint Episcopo & presbyterio ut legi Iesu Christi;" redet von dem Bischofe (2) tanquam peaesidente Dei loco, & presbyteris loco Senatus apostolici; und empfielt den Trallesiern: (3) „ut revereantur presbyteros ut confessum Dei, & ut conjunctionem apostolorum; sine his ecclesia non vocatur." Von der Römischen Kirche bezeugt das nämliche Cornelius; (4) von der Karthagischen Cyprianus, (5) von der Alexandrischen Epiphanius. (6).

Da es nun eine bekannte Sache ist, daß die Bischöfe nur in ansehnlichen Städten ihren

F 4

---

(1) Epl. ad Ephes. nro. II. — (2) ad Magnes. n. II. — (3) ad Trallens. n. 3. — (4) Epl. 46. al. 49. ad Cyprian. — (5) Epl. 38 — (6) hæres. 57. n. 1. 69. n. 3. —

ren Siz aufschlugen, (7) und vor dem vierten Jahrhundert noch keine ordentliche Pfarreyen auf dem Lande waren; (8) so ist auch klar, daß unter diesem Presbyterium nur der Stadt-Klerus zu verstehen ist.

Dieß war der ursprüngliche gebohrne Senat des Bischofs, dieß waren die Gehülfen seines Oberpriestertums in der Stadt, und die Rathgeber seiner bischöflichen Sorgfalt für den ganzen Weinberg des Herrn, den schon die Apostel auch auf dem Lande angelegt, (9) ihre Jünger erweitert, (10) und ihre Nachfolger in die ordentliche Verfassung gebracht haben. (1)

Die

(7) Concil. Sardic. an. 347. Laodic. an. 363. Can. VII. (8) Thomas. V. & N. discipl. P. I. L. 2. C. 21. n. 2. — (9) Act. Apost. VIII. 25. — (10) Plin. epist. 97. L. 10.

(1) Schon Athanasius, Apolog. II., erwähnt der Land-Pfarreyen. „Mareotes ager est Alexandriæ, quo in loco Episcopus nunquam fuit, imo ne Chorepiscopus quidem, sed universæ illius lo-

Die Vereinigung mit einem Bischofe war das erste Grundgesez dieser neuen Gemeinden, und je nachdem eine jede das Band des erhaltenen Unterrichtes, die Dankbarkeit gegen ihren Stifter, oder sonst zufällige Verhältnisse mit einer Stadt vereinigten, gehörte sie zu der Diözes des in derselben wohnenden Bischofes.

Die von den ältesten Kirchensazungen vorgeschriebenen Mittel der Verwaltung dieser Diözesen waren die bischöfliche Visitazion, und die Synode; in jener besuchte der Oberhirt seine zerstreuten Heerden; in der Synode aber versammelten sich die Vorsteher dieser Gemeinden samt dem ganzen Stadt-Preßbyterium vor der Kathedra ihres Bischofes, und dieß war, wie sich Tertullian von den Provinzial-Konzilien ausdrückt, *repræsentatio totius nominis Christiani* einer Diözes, aber doch weit von einer leeren Zeremonie

ent-

ci ecclesiæ Episcopo Alexandrino subjacent, ita tamen, ut singuli pagi suos presbyteros habeant.„

entfernt; denn hier wurde über die wichtigsten Angelegenheiten der Diözes und einzelner Mitglieder berathschlagt, von der Verwaltung jeder Gemeinde Rechenschaft gegeben, die Anwendbarkeit der Provinzial-Verordnungen mit Vergleichung der individuellen Lagen geprüft, und was das wichtigste ist, der Eifer des Hauses Gottes durch Beyspiele, Mittheilung, ja durch die blose Feyerlichkeit dieser Annäherung zwischen Haupt und Gliedern (wer kennt ihre Kraft auf das menschliche Herz nicht?) wechselseitig entzündet.

Die älteste dieser Synoden, deren Schlüsse bis auf uns gekommen sind, ist die Altisiodorische, ein wichtiges Denkmal ihrer Rechte und Beschaffenheit! Der lezte Kanon heißt: „Si quis hanc definitionem, quam *ex authoritate Canonica Communi Consensu & Convenientia* conscripsimus...‟

Wer verkennt hier den mächtigen Unterschied zwischen dieser Repräsentazion der ganzen Diözes und dem Senate des dieselbe verwaltenden Bischofs; auch ist diesem nebst seiner Verweisung auf den Rath seines Presbyteriums auch die

die Berufung dieser Synoden immer auferlegt worden. Die Namen mögen zuweilen verwechselt worden seyn; die Sachen selbst blieben immer verschieden.

Dieses Presbyterium hat sich mit jeder Gestalt des Stadtklerus in seiner Form geändert, bis es sich endlich, so wie das Wahlrecht auf den mit dem Bischofe enger verbundenen Theil desselben, die Kathedral=Kirchen einschränkte. Von diesen sagt Alex III. „Novit tuæ discretionis prudentia, qualiter „tu & fratres tui unum Corpus sitis, ita „quod tu Caput, illi membra esse proban„tur, unde non decet te *omissis mem-*„*bris aliorum* consilio in ecclesiæ tuæ „negotiis uti." *Cap. 4. X. de his, quæ fiunt sine...* und der Abbi Rautenstrauch *Instit. juris ecclef.* §. 540. „Sede plena, uti in pri„mis ecclesiæ sæculis presbyterium, ita nunc „Capitulum Cathedrale Senatus Episcopi „reputatur." *) Ja das Konzilium von

Trient

---

*) Alexander III. und Rautenstrauch hätten unter dem H. Professor Jung nicht defendiren können. N. d. H.

Trient selbst nennt die Domkapitel, *Ss. 24. C. 12. de reform.* den Senat des Bischofes.

Aber die Synoden hat auch diese Form des Presbyteriums nicht überflüßig gemacht, noch ist es an ihre Stelle getretten, denn eben das Tridentinum dringt noch eben so ernstlich auf ihre Berufung.

Dieses engere Presbyterium ist noch heut zu Tage in seiner vollen Wirklichkeit, und muß immer, so lang die Grundverfassung unsrer Kirchen bestehen wird, in allen wichtigen Fällen, *Causis arduis*, für den nothwendigen Senat des Bischofs angesehen werden.

Es haben sich zwar die Bischöfe bey veränderter Art der Geschäftsführung, so wie aus eben diesem Grunde auch die weltlichen Regenten einen eigenen Senat erschaffen; aber den Rechten der Domkapitel konnten sie dadurch eben so wenig, als die Weltlichen durch Errichtung ihrer Regierungen den hergebrachten Rechten der Landstände zu nahe tretten. Denn dies sind die in ihrer Entstehung und Erhaltung von dem Bischofe unabhängigen Rechte des mit der bischöflichen Gewalt

walt gleichzeitigen Presbyteriums, welche auf
die Domkapitel rechtskräftig übergegangen,
durch die Gesetze als ihr Eigenthum noch heut
zu Tage anerkannt, und in die Grundverfas­
sung unsrer Kirchen verwebt sind.

Ich brauch Ihnen doch nicht erst zu sagen,
daß diese von den Bischöfen aufgestellten Raths­
Kollegien unsre heutigen Vikariate sind; noch
weniger, daß sie für keine Surrogate der
Synoden, sondern für eine lediglich an die
Person des Bischofs ataschirte, von Ihm un­
trennbare, mit Ihm erlöschende Rathsstelle
gelten können. Nicht einmal Repräsentanten
des eigentlichen Presbyteriums sind sie im
strengen Verstande; oder der Bischof, mit
welchem Sie nur eine moralische Person aus­
machen, müste es noch weit eher seyn; und
dieß werden Sie doch wohl nicht behaupten
wollen. Unläugbar ist noch heut zu Tage bey
manchen öffentlichen Kirchengeschäften nicht
blos der Rath, sondern auch der Kon­
sens des Presbyteriums erfoderlich; können
Sie dies wohl auch von Ihrem Vikariate sa­
gen?

gen? — Unläugbar sind die Votanten in den Synoden, und die auf den Vikariaten wesentlich verschieden. So lang also die in der Natur der Sache liegenden Grenzen zwischen Bischof, Preßbyterium und Synode noch bestehen, und die Rechte der beeden letzten nicht in die des erstern zusammen geschlossen sind, kann die so eben beschriebene bischöfliche Stelle ihr Surrogat nicht seyn.*) Diese Grenzen aber sind bishero noch immer unverrückt geblieben; mir wenigstens ist keine Kirchenverordnung bekannt, die sie aufgehoben, das alte Preßbyterium für erloschen, die Synoden für ersetzt erklärt hätte; wohl aber haben noch die Schlüsse der Konzilien von Latran, von Basel, und (gewiß auch nach Errichtung der Vikariate) das von Trient die Haltung der Synoden aufs nachdrücklichste empfohlen; und (wenigstens das letzte) die Domkapitel den Senat der Bischöfe genannt. Wenn die Syno-

---

*) Das mag der Herr Korrespondent bey dem Herrn geistlichen Rath Jung selbst verantworten. — Note des Herausgebers.

Synoden auch heut zu Tage seltner, als es diese Konzilien fodern, gehalten, und die Causæ minus arduæ auf den Vikariaten verhandelt werden; so ist dadurch noch keine entgegengesetzte Observanz erwachsen, oder diese Grundverfassung der Kirche abgeändert, und die Rechte so verschiedener Körper vermischt worden; am wenigsten aber ist dasjenige, was nach der Natur der Sache nur von den Synoden geleistet werden kann, jener bischöflichen Stelle so aufgetragen, daß sie auf immer entbährlich wären. Und dies müsten doch die Synoden seyn, um den Beyträgen, welche, wie Sie behaupten, der Bischof zur Haltung derselben fodern kann, als einer nun vakanten Sache, auf immer eine neue Bestimmung geben zu können.

Und so wäre, wie mich dünkt, der Satz, daß die heutigen Vikariate kein Surrogat der Synoden sind, so ziemlich erwiesen; wenigstens keine solche, auf welche irgend ein reelles Recht derselben gegründet werden könnte; am allerwenigsten ein Recht, welches Sie von
den

den Synoden selbst noch erst zu beweisen haben, nämlich ein in den Gesetzen eigens bestimmtes, durch Observanz bestätigtes, von aller neuen Berathung und Einwilligung des Domkapitels freyes Synodatikum (in dem von Ihnen aufgestellten Sinne desselben) von den Stiftern und Klöstern der ganzen Diözes zu fodern.

Sie sehen, ich habe über der Widerlegung des einen Ihrer Grundsätze den noch rückständigen Beweis des andern nicht vergessen. Ich seh' ihm mit Ungeduld entgegen.

Ein

Ein und zwanzigster Brief.

Mainz den 20 May.

Ich gesteh' es, meine Gattung des Synodatikums hab' ich umsonst in dem Corpus juris gesucht, und fange allmälig an, es für eine ganz vergebliche Mühe zu halten. Auch die Vertheidigung des strengen Sinnes eines Surrogates, welchen Sie hier fodern, geb ich auf. Dem ohngeachtet besteh' ich noch immer auf meiner Erklärung des unsern Stiftern und Klöstern auferlegten Synodatikums; daß es nämlich zur Unterhaltung des Vikariats übertragene Synodalien sind. Die Namen Surrogat, Synodatikum schenk ich Ihnen gern, wenn Sie mir nur die Sache zugeben müssen, und diß hoff' ich noch von Ihnen zu erhalten.

Unser Vikariat besorgt unstreitig viele Gegenstände, die sonst in den Synoden verhandelt wurden, und Sie können nicht läugnen, daß diese heut zu Tage eben deswegen entbährlicher sind. Von den allgemeinen Kirchen-Verordnungen weiß man ja ohnehin,

daß

daß ihre Anwendung auf einzelne Diözesen nach den individuellen Bedürfnissen einer jeden ermessen, und von dem Ordinarius bestimmt werden muß. Was es mit der die Synoden betreffenden in der Mainzer Diözes für ein Bewandtnis habe, zeigt sich klar daraus, daß seit mehrern Jahrhunderten keine mehr in derselben gehalten worden ist.

Von der andern Seite ist eben so unläugbar, daß die wirklichen Synoden, wenn auch kein eigener Beytrag für dieselben in den gemeinen Rechten gegründet, noch von einem unserer Erzbischöfe als ein solcher je gefodert worden ist, dennoch den dieselben besuchenden einige Unkosten verursacht haben.

Ich sehe also nicht, wie es mit der Gerechtigkeitsliebe unsers dermaligen höchsten Ordinarius unvereinbarlich seyn solte, das Æquivalent dieses Kosten-Aufwandes zur Erhaltung und Belohnung einer Stelle, die, wenigstens in mehrern Stücken das Æquivalent der Synoden ist, zu fodern. Nicht allein die höchste

höchste Billigkeit der Sache selbst, sondern auch die Wahlkapitulazionen machen es Ihm zur Pflicht; denn in diesen hat Er sich ausdrücklich verbunden, auf die Besoldung der geistlichen Räthe bedacht zu seyn.

Nun wär ich also, dem Himmel sey Dank, doch einmal auf Säze gekommen, gegen welche Sie gewiß nichts mehr einwenden können: Daß die Synoden einigen Aufwand verursachten, haben Sie schon eingestanden, und daß die Vikariate verschiedene Geschäfte der Synoden besorgen, ist unläugbar; ergo ist es nicht mehr als billig, daß die Stifter und Klöster dasjenige zur Belohnung der Vikariaten hergeben, was sie die Synoden gekostet haben würden.

Zwey und zwanzigster Brief.

Wirzburg den 25 May.

Sie schlagen schon wieder einen neuen Weg ein; wird er Sie aber sicherer zum Zwecke führen?

Wenn ich Ihnen auch Ihren ganzen Syllogismus, womit Sie ihren lezten Brief schliessen, zugebe; gewinnen Sie zwar eine mäßige Summe für Ihr Vikariat; verliehren aber dabey alles, worauf es hier doch lediglich ankömmt. Nicht um die Auftreibung einer Besoldung der Vikariats-Herren, woher sie auch immer komme, ist es hier zu thun; sondern um eine solche, die Ihr neues Synodatikum, dessen Natur wir hier einzig untersuchen, seyn könnte; und dieß ist denn doch wahrhaftig die gegenwärtige nicht; denn fürs erste können Sie ihr die Benennung, und folglich auch die Vorrechte des in gemeinen Rechten gegründeten Synodatikums ohnmöglich beylegen; fürs andere würde dieser Beytrag blos auf

auf die auswärtigen Pfarreyen, Stifter und Klöster fallen; und drittens könnte weder die Willkühr des höchsten Ordinarius, noch das Bedürfniß des Vikariats, sondern lediglich der mäsige Aufwandt jedes Synodal-Gesandten der Maaßstab desselben seyn.

So wenig Ihnen nun dieß alles zu unserm Hauptzwecke helfen kann, so unzuverlässig ist es noch oben drein.

Ihr Vikariat besorgt viele Gegenstände der Synode. Gut; aber viele besorgt es nicht, kann es aus der Natur der Sache nicht besorgen. Wenn also auch wegen jener die Synoden seltener sind, so sind sie doch wegen dieser nicht ganz unentbährlich; was also zu ihrer Existenz gehört, kann schon aus dieser Ursache nicht als zwecklos eine andere und zwar ewige Bestimmung erhalten. Auch manches Geschäft des Presbyteriums *) besorget Ihr Vikariat, ohne daß Ihr Domkapitel deshalben gleich entbährlich, oder zu so

G 3   einem

*) Unter Herrn Jungs Vorsiz glaubt man —alle.
Note des Herausg.

einem Besoldungsbeytrage verbunden wäre. Auch manchen Visitazions-Gegenstand besorgt das Vikariat, und macht dadurch die Visitazionen seltner. Wollen Sie nun daraus gleich schliessen, daß die Prokurazionen jährlich gefodert, als res vacans angesehen, und zum ewigen Besoldungs-Fond des Vikariats geschlagen werden können; so bedenken Sie, daß Ihnen das ausdrückliche Gesez, ausser wirklichen Visitazionen keine Prokurazionen zu fodern, die Observanz ihrer und jeder andern Diozes, und das Recht des Nachfolgers, dem die Mittel, wirkliche Visitazionen nach Vorschrift der Geseze zu halten, nicht benommen werden dörfen, entgegen sieht.

Um das Irrige eines beym ersten Anblicke nicht gleich so auffallenden Sazes recht lebhaft zu zeigen, braucht es oft nichts weiter, als ihn in seiner Anwendung auf alle mögliche Fälle vorzustellen. Lassen Sie uns dieses Mittel auch hier versuchen! Bey allem, was Sie von Ihrem Vikariate als Stellvertretter der Synoden und Visitazionen behaupten

ten mögen, werden Sie doch nicht läugnen, daß dem Bischofe, welcher auch bey der besten Einrichtung seines Vikariats diese beeden Theile seiner oberhirtlichen Sorgfalt, so oft es die Geseze fodern, wirklich auszuüben für nöthig fände, eben diese Synodalien, eben diese Prokurazionen nicht verweigert werden könnten. Gesezt nun, sie wären schon zum Besoldungs-Fond des Vikariats geschlagen, so müßten sie nothwendig doppelt bezahlt werden, und wohin führte dieß ihre Stifter? Nehmen wir gleich das mir zunächst gelegene und folglich bekanntere Stift zu Aschaffenburg: seine Prokurazionen der jüngsten Visitazion sollen von den Herren Visitatoren, dem öffentlichen Gerücht nach, beyläufig auf 1600 fl. entworfen; und seine neuen Synodalien von dem Vikariate auf 220 Gulden angesezt seyn. Dieß doppelt genommen, würde eine Summe von 3640 fl. ausmachen, womit dieses einzige Stift grad unter dem großmüthigsten Erzbischofe die oberhirtliche Sorgfalt alljährlich bezahlen müßte. Getrauen Sie sich dieß von der so bekannten Milde und Gerechtigkeit

Ihres grossen Friedrich Karl Josephs zu behaupten?

Sagen Sie mir ja nicht, die Synoden und Visitazionen fielen in dieser Voraussezung ganz hinweg. — Einmal blieb denn doch immer noch die Hälfte jener Summe als eine alljährliche Abgabe auf diesem Stifte liegen; fürs andere widerlegt sie das Tridentinum, welches ohne alle Rücksicht auf diese Voraussezung auf die Synoden und Visitazionen dringt, ja das neueste Beyspiel ihrer eigenen Diözes, wo auch bey der gegenwärtigen Einrichtung des Vikariats die Visitazionen für nöthig gefunden worden sind. Und wirklich durch die Natur der Sache sind sie in keiner Voraussezung überflüssig; sie müsten es also, wenigstens die Synoden, durch eben diese positive Verfügung, welche nach Ihrer Erklärung, den Mitteln sie zu halten, eine andere Bestimmung giebt, erst geworden seyn; würde aber bey so einer Abänderung der kirchlichen Grundverfassung und Beschränkung der in den Gesezen so heilig gegründeten Rechte des Nachfolgers, wenn sie auch

als

als möglich angenommen würde, die Einwilligung des Domkapitels von Ihrem weisesten Ordinarius übergangen worden seyn?

Sagen Sie mir ja nicht, bey jährlich gehaltenen Visitazionen würden die Prokurazionen weit geringer seyn. — Dieß läuft nur auf das *plus aut minus* hinaus, und auch das Minimum der Prokurazionen, nach dem des neuen Synodatikums abgemessen, und alljährlich gefodert, würde noch immer äusserst lästig, und mit Friedrich Karl Josephs Vater-Milde unvereinbarlich seyn.

Sagen Sie mir ja nicht, im Falle wirklicher Synoden und Visitazionen würden diese Abgaben nicht für das Vikariat, sondern für diese verwendet werden. — Entweder geschähe dieß, so oft es die Geseze wollen; und was bliebe alsdann dem Vikariate, das in diesem Falle bey weit mehrerer Arbeit ganz ohne Besoldung wäre? und würden auch einige seiner Mitglieder auf Visitazionen geschickt, so könnten sie sich doch an den Prokurazionen, welche ihrer Natur nach den mäsigen Unterhalt nicht übersteigen dörfen, nicht erhohlen. Oder es geschähe seltner; und eben dieß wäre schon eine widergesezliche Beschränkung der Rechte des Nachfolgers.

Nebſt all dieſen Unbequemlichkeiten müſſen Sie auch noch den Saz annehmen, daß man mit dem nämlichen Rechte, wodurch man das Prinzipale fodert, auch den mit demſelben nothwendig verbundenen Koſten-Aufwandt zum Vortheil der jenes Prinzipale einiger maſſen erſezenden Stelle fodern könne.

Wollen Sie dieß behaupten? nun gut; ſo müſſen Sie aber auch annehmen, bey einer durch biſchöfliche Abgeordnete verrichteten Viſitazion könne man die ganze Prokurazionen einer von dem Biſchofe perſönlich verrichteten fodern, und da mögen Sie zuſehen, wie Sie mit dem C. 6. de off. jud. ord. in 6to zurecht kommen, wo Bonifaz VIII. ſagt: „Si Epis-
„copus fuam Diocefin, ubi ei à jure per-
„mittitur, faciat per alium vifitari, licet
„ipfe illi habeat in aliis neceſſariis provi-
„dere; ii tamen, qui vifitantur, miniſtrare
„tenentur expenſas victualium vifitanti...
„Idem tamen Episcopus, cùm perſonaliter
„non

„non vifitat, *nil prorfus ab iis, qui per il-*
„*lum, quem deputat, fuerint vifitati, exi-*
„*gere poterit.* "

Sie müssen auch annehmen, der Lehnherr
könne den Betrag dessen, was die persönliche
Befolgung des Heerbannes kosten würde, zur
Unterhaltung seiner stehenden Armee von dem
Vasallen, der bekanntlich nicht immer zugleich
auch Unterthan ist, fodern.

Sie müssen annehmen, die Römer könnten die Unkosten der jährlichen Besuchung der
liminum apostolorum, welche seit Gregor
VII. jeder Bischof unter einem förmlichen
Eide verspricht, und die nach Sagnans Aus-
drucke „nunc aliqua ex parte asfimilari Sy-
nodis episcopalibus potest" zum Vortheile
der Kongregazion, welche die bey dieser Gelegenheit zu machenden relationes ftatuum eccle-
fiarum besorgt, von unsern Bischöfen fodern.
Würden Sie dem Ihrigen wohl dazu rathen?

Sie müssen endlich, was sehr analog ist,
auch annehmen, der Landesherr, welcher für
gut fände, seine Landstände nicht mehr zu
versammlen, könnte von diesen ihre bey Land-
tagen

tagen gewöhnlichen Unkosten zur Besoldung seiner die Geschäfte der Landtage, so viel es sich thun läſt, besorgenden Regierung eintreiben.

Zugegeben, daß die Wahlkapitulazionen Ihrem höchſten Ordinarius es zur Pflicht machen, den geiſtlichen Räthen ſtändige Besoldungen zu verschaffen; so versteht es sich doch am Rande, daß dies ohne jemandes Nachtheil und auf die grundverfaſſungsmäſige Art geschehen müſſe. Selbſt das Tridentinum befiehlt dem Biſchofe *Sſ.* 24. *C.* 13. *de reform.* die Einkünfte armer Pfarreyen, selbſt durch neue Auflagen, oder wie er es ſonſt rathſam findet, zu vermehren; und dennoch verſtund es der höchſtſelige Emmerich Joseph bey seinem Vorhaben, zum Vortheil ſolcher armen Pfarreyen von allen Erbſchaften der Geiſtlichen 5 pro Cent zu fodern, so, daß es ohne Kapitulariſchen Konſenz nicht geschehen könne; daß Er aber hierin nicht all zu ängſtlich geweſen, noch die Billig- und Pflichtmäſigkeit der Verwendung selbſt alles entſchieden habe, zeigt sich klar daraus, daß Ihm

Ihm dieser Konsenz verweigert wurde, und diese ganze Auflage unterblieben ist.

Niemand wird die geistlichen Räthe von der Anwendung des Satzes: der Arbeiter ist seines Lohnes werth, ausschliessen; aber wer muß sie belohnen? Die Natur der Sache (sie sind blos bischöfliche Stellvertretter) und die Analogie der Geseze sagt, der Bischof. Aus mehrern bezieh' ich mich auf das eben angeführte *C. 6. de off. jud. ord. in 6to,* wo der Pabst von dem bischöflichen Stellvertretter bey Visitazionen ausdrücklich sagt: daß die Visitirten blos für seine Nahrung, für alles übrige aber der Bischof sorgen müsse; und auf das *Caput 15. X. de off. jud. ord.* wo es überhaupt von den Amtsgehülfen der Bischöfe heißt: quibus ipsi (Episcopi) cum indiguerint, congrue necessaria subministrent;" aber durch neue Auflagen, unter welchem Namen es auch immer sey, darf dies nicht geschehen; denn dies ist nun einmal in Deutschland nach den Gesezen selbst dem Landesherrn nicht erlaubt, um wie viel weniger dem Bischofe, und noch dazu ohne Einholung des Domkapitelschen

telschen Konsenzes? Hätte auch sonst der höchstselige Emmerich Joseph denselben für seine so wenig drückende und zum Vortheil seiner armen Mitarbeiter in dem Weinberge des Herrn bestimmte Auflage begehrt; und das Domkapitel verweigern können?

Neu und den Gesezen unbekannt wäre dieses Synodatikum (auch in Ihrer letzten Erklärung) doch immer: denn nie ist von einer nicht gehaltenen Synode das gefodert worden, was sie, falls sie gehalten worden wäre, gekostet hätte; und kein Gesez berechtiget den Bischof dazu. In Ansehung derjenigen aber, welche auch bey einer wirklichen Synode keine Unkosten gehabt hätten, welches der Fall aller in der Residenz gelegenen Stifter und Klöster offenbar ist, ist es gewiß doch auch neu. Daß aber jede Erklärung, welche auf eine **neue Abgabe** hinausläuft, zu unserm Zwecke nicht taugt, haben Sie mir ja selbst bewiesen, und erhellet augenscheinlich aus dem von Ihrem weisesten Erzbischofe bey der seinigen für überflüssig erklärten Konsenz des Domkapitels, welches Er, wär es eine **neue Auflage**, gewiß

wiß nicht gethan hätte. Sie müssen also, falls Sie dieses Synodatikum durch das æquivalent des mit jeder wirklichen Synode verbundenen Kostenaufwandes erklären wollen, dessen Grund noch immer in deutlichen Gesetzen und unverrückter Observanz zeigen. Eine Mühe deren Sie sich auf diesem letzten Wege überhoben glaubten. Mit einem alten Nahmen ist die Sache nicht ausgemacht, wie aus dem C. 16. X. *de simonia* erhellet:
„Audivimus, quod nummos pro Chrismate
„ab ecclesiis extorquetis, quos nunc *Cathe-*
„*draticum*, aliquando *paschalem præstatio-*
„*nem*, interdum *episcopalem consuetudinem*
„*appellatis*; quia vero hoc simoniacum esse
„cognoscitur, mandamus, quatenus prætextu
„alicujus consuetudinis vel prælationis præ-
„dictos denarios nullatenus exigatis.„

Drey

Drey und zwanzigster Brief.

Mainz den 30. May 1785.

Ihr letzter Brief, ich bekenn' es freymüthig, hat mich in einige Verlegenheit gesetzt, und ich hab ihn einem meiner besten und einsichtsvollesten Freunde gezeigt, dessen Aeusserung ich Ihnen hier statt aller Beantwortung mittheile.

„Ihr Korrespondent, sagt er, hat Recht, daß er den Beweiß der Gesetzlichkeit und Observanz noch immer von Ihnen fodert; jenen müssen Sie unumgänglich leisten; diesen aber können Sie durch den Beweis der Unverjährbarkeit ersetzen; beedes aber ist mit einem einzigen Federzuge geschehen. Sie brauchen nur das Konzilium von Rom von 1725. anzuführen, welches tit. VIII. C. 4. das Synodatikum für eine in den Gesetzen gegründete und ganz unverjährbare Abgabe aller Geistlichen erklärt. Dieses Konzilium ist für Mainzer um desto unverwerflicher, da der Abgeordnete unsers eigenen Erzbischofes Lothar Franz dabey erschienen und unterzeichnet ist."

Einer

Einer so bestimmten, entscheidenden, alles erschöpfenden Konziliar-Verordnung hab ich weiter nichts beyzufügen, als die Bezeugung meiner Freude, diese so lange Untersuchung endlich einmal entschieden zu sehen.

Vier und zwanzigster Brief.

Wirzburg den 7. Jun. 1785.

Ihrer Ehre zu Lieb will ich glauben, daß Sie das Konzilium von Rom, auf welches Sie sich mit den Worten Ihres Freundes so zutrauensvoll berufen, nicht selbst gelesen haben. Daß ich Ihnen durch diese Voraussetzung einen wahren Freundschaftsdienst erweise, werden Sie aus der bemerkten Stelle selbst sehen; hier ist sie:

Ipso communi Jure est cautum, ut Episcopis Cathedraticum a Clericis debeatur quod est duorum Solidorum, viginti scilicet Juliorum Census Cathedrali ecclesiæ solvendus in signum honoris & subjectionis Cathedræ pontificali. Ius sane inter cæterepiscopalia Ita privilegiarium, ut neque ab episcopis in totum remitti nec a quoquam valeat quocunque titulo præfcribi. Quodfi forte aliquid fub alio vel fixorum munerum, vel xeniorum nomine offeratur, decernimus, ut ab episcopis tanquam qui non præmium fed honorem poftulent, munera & Xenia recufentur hujusmodi, & Cathedraticum duntaxat, fummam non excedens prædictam ab ecclefiis (non tamen regularium) & a beneficiatis fibi fubjectis tali etiam volumus moderatione exigatur, videlicet ... quibus funt reditus infra Centum; Iulii decem. *) — Quibus ultra Centum vel quaounque in alia majore fumma Julii quindecim — ab ecclefiis vero, ubi plures de maffa participant, ab omnibus in Communi Julii viginti **) falvis tamen confuetudinibus ecclefiis & Episcopis magis favorabilibus."

Vor

*) 10 Iulii find nach Büfchings neuer Erdb. (Th. II. B. II. S. 730. Hamburg 1758.) 1 fl. 48. fr.

**) Alfo von Ihrem ganzen Stift Afchaffenburg nicht mehr als 3 fl. 36 fr. ! —

Vor allem merke ich an, daß Ihr Erzbischof Lothar Franz nur in seiner Eigenschaft eines Bischofes von Bamberg, wie es die Unterschrift seines Abgesandten ausdrücklich sagt, dieses Provinzial-Konzilium beschickt hat.

Hier werden nun freylich folgende Säze ausdrücklich entschieden.

1) Das Kathedratikum ist in gemeinen Rechten gegründet.

2) Es kann weder vom Bischofe im ganzen veräussert, noch von den Untergebenen verjährt werden.

3) Nicht die Pfarrkirchen allein, sondern auch die Benefiziaten sind es schuldig.

Da Ihr Freund unsere übrige Briefe, wo der Unterscheid zwischen dem gesezlichen Kathedratikum und ihrer neuen Gattung des Synodatikums so wie die Verjährbarkeit des erstern

ſtern gezeigt worden iſt, vermuthlich nicht geleſen hat, ſo mögen ihm dieſe, uns hier ſehr gleichgültigen Säze, ganz entſcheidend vorgekommen ſeyn. Wie konnte er aber die folgenden eben ſo ausdrücklich in dieſem Konzilium enthaltenen und hier ganz entſcheidenden überſehen, oder hoffen, daß ſie andere überſehen würden:

a) Das Kathebratikum iſt noch heut zu Tage eine Abgabe von 2 Solidis.

b) Dieſe 2 Solidi ſind 20 Giuli, das iſt 3 fl. 36 kr. unſers Geldes.

c) Das Kathebratikum iſt nichts als Zeichen der Verehrung; hat alſo nicht die Bedürfniſſe, ſondern ſeine geſezliche Beſtimmung zum Maasſtabe.

d) Dieſe darf es nicht überſchreiten.

e) Die Klöſter ſind ganz frey davon.

f) Von den reicheſten Benefiziaten 2 fl. 42 kr.

g) We

g) Wo mehrere Benefiziaten bey einer Kirche eben dieselbe Masse theilen (offenbar der Fall bey Stiftern, und noch mehr bey Klöstern) alle zusammen 3 fl. 36 kr.

Wollen Sie nun all diese lezten Säze unterschreiben, so erbieth ich mich, in animam all ihrer Stifter und Klöster bey den drey vorigen das nämliche zu thun, und so wären wir ja einig; nur mit der kleinen Unbequemlichkeit, daß wir das einzige, was wir hier suchen, nämlich den Sinn des neuen Mainzer Synodatikums noch immer nicht gefunden hätten; denn in diesem ganzen Konzilium ist lediglich von dem Kathedratikum, welches erwiesener und eingestandener Massen, ihr Synodatikum nicht seyn kann, die Rede.

Ich bin nicht der erste, welcher die Bemerkung macht, daß eine der reichesten Quellen der Irrtümer die Namen der Dinge sind; aber einen neuen Beweis dieser Wahrheit glaub ich hier liefern zu können. Das Kathedratikum wird in den Gesezen auch Synodatikum ge-

genannt, und dieß, wie alle Urkunden sagen, *quia in Synodo solvebatur.* So lang man nun beede Namen für eben dieselbe Sache braucht, ist kein Irrtum zu befürchten; wird aber einer derselben auch noch einer andern Sache beygelegt, so ist schon die Quelle des Irrtums geöfnet, das auf der Stelle folgt, wenn man nicht sehr sorgfältig verhütet, daß die Eigenschaften des einen Dinges nicht mit seinem Namen auf das andere übertragen werden; und dafür haben Sie sich hier, wie mich dünkt, nicht genug gehütet: Sie legen den Namen Synodatikum auch einer von dem Kathedr... ...enbar verschiedenen Sache ley. ...ß nur eine bloße Verwechselung der Wörter, so möcht' es wohl noch hin... ...en, aber Sie tragen auch die Gründung ...den Gesezen und die vorgebliche Unver... ...tbarkeit des Kathebrátikums auf Ihre von ...verschiedene Abgabe mit dem Namen über. ...hen wir schon Verwechselung der Begrif... ...... alle Schlüsse, die Sie bloß auf diese ...... müssen nothwendig falsch seyn. Nun ... ...det sich die Entbährlichkeit des Ka...

pitu-

pitularischen Konsenzes und die Verwerflich-
keit aller entgegengesezten Observanz (beedes
nothwendige Eigenschaften des von Ihnen aufgestellten Synodatikums) lediglich auf jene Ge-
seslichkeit und Unverjährbarkeit des eigentlichen Kathedratikums; es ist also ein Irrtum, daß bey jener von Ihnen geschafenen Abgabe der Konsenz unerfoderlich, die entgegen ge-
sezte Observanz unwirksam sey. Da wir nun
bey dem neuen Mainzer Synodatikum grad
das Gegentheil voraus sehen müssen; so ist doch,
dünkt mich, so ziemlich offenbar, daß dieses
und jene von Ihnen neu erfundene Abgabe ganz
verschiedene Dinge sind.

Sehen Sie den Punkt, auf welchen uns
Concilium romanum samt all Ihren ne
Gattungen von Synodalien am Ende füh
dem, auf welchen Sie mich bringen wol
liegt er è diametro entgegen.

Ueberhaupt stehen wir für eine Unter
von vier Monaten noch sehr weit von
Ziele. Alles was wir entdeckt haben,

das Synodatikum Ihrer Stifter und Klöster kein Vorboth einer wirklichen Synode, keine neue Auflage, kein Kathedratikum, keine Ihrer von diesen verschiedenen Gattungen der Synodalien seyn kann. Mit einem Worte wir wissen nur, was es - - - nicht ist. Immer etwas mehr, als wir am Anfange wusten; ja immer so viel, als manche physische und metaphysische Untersuchungen von Ihrem Gegenstande herausgebracht haben. Ich denke also, wir solten es um so mehr dabey bewenden lassen; da man oft nicht mehr zu wissen braucht.

www.ingramcontent.com/pod-product-compliance
Lightning Source LLC
Chambersburg PA
CBHW020111170426
43199CB00009B/485